Helmy Abouleish mit Christine Arlt
Sekem-Inspirationen

Impressum

Helmy Abouleish / Christine Arlt
Sekem Inspirationen

ISBN 978-3-95779-165-8

Zweite Auflage 2026

Lektorat: Jens Heisterkamp, Frankfurt am Main
Gestaltung: Frank Schubert, Frankfurt am Main
Druck und Bindung: CPI books, Leck

Alle Aufnahmen, wenn nicht anders angegeben: Samuel Knaus und Justus Harm

Info3 Verlag
Kirchgartenstraße 1, 60439 Frankfurt am Main
Tel. 069 58 46 47, E-Mail: vertrieb@info3.de
www.info3.de

Helmy Abouleish mit Christine Arlt

SEKEM INSPIRATIONEN

Impulse für einen zukunftsfähigen Wandel

Mit Grußworten von Vandana Shiva,
Otto Scharmer, Auma Obama
und anderen

INFO3 VERLAG

Zur Entstehung und Gestaltung dieses Buches haben Konstanze Abouleish, Martina Dinkel und Regina Hanel maßgeblich beigetragen.

Außerdem gilt unser besonderer Dank Dr. Bruno Sandkühler und Daniel Baumgartner für die inhaltliche Unterstützung sowie Samuel Knaus und Justus Harm für die Fotos.

Inhalt

Zwei Generationen: Dr. Ibrahim Abouleish und Helmy Abouleish

Grussworte

Sekem, ein Impuls für die Welt. Keine Blaupause, jedoch Quelle der Inspiration für Menschen, die etwas verändern wollen, für die Kultur, Bildung und Arbeitswelt, also soziales Leben, eine Einheit bilden. Die sich mit Empathie, Respekt, Liebe und Neugier auf einen neuen Weg begeben. Für Ägypten bietet Sekem die Chance, schrittweise den Stolz und die kulturelle Bedeutung zurückzuerlangen, die das Land bereits einmal erlebt hat, jedoch im Sinne einer zukunftsorientierten, menschengemäßen, nachhaltigen Entwicklung. Die Pflanze aus dem Samen, den unser Freund Dr. Ibrahim Abouleish in den Wüstenboden gelegt hat, wächst und gedeiht. Sie braucht Menschen, die die Pracht dieser Pflanze, die sie einmal erlangen wird, erahnen können und bereit sind, auch einen solchen Samen in ihre Erde zu legen.

Ulrich Walter, Gründer und langjähriger Geschäftsführer von Lebensbaum, Deutschland

*

Wir leben in einer Zeit des Umbruchs, die durch eine Polykrise mit drei großen gesellschaftlichen Problemen gekennzeichnet ist: ökologisch (Klima), sozial (Gewalt) und spirituell (Depression). Wir können diese Herausforderungen nicht mit denselben Denkweisen und institutionellen Routinen angehen, die sie verursacht haben. Es gibt nur wenige Orte, an denen neue Denkweisen erprobt, neue Wege der Organisation beschritten und prototypisch vorgelebt werden, wie es in Sekem stattfindet. Die Geschichte von Sekem, wie eine Wüste in einen Ort des menschlichen und planetarischen Gedeihens verwandelt wurde, ist heute relevanter denn je. Sie verkörpert im Kern die Transformation, die für unsere größeren Systeme etwa über die Ziele für nachhaltige Entwicklung (Sustainable Developement Goals) oder das Pariser Klimaabkommen gefordert werden.

Otto Scharmer, Professor und Aktionsforscher am Massachusetts Institute of Technology und Gründer des Presencing Institute, USA

Meinen ersten Kontakt mit Sekem hatte ich 1977, zu Beginn meiner Lehre bei der GLS Bank. Es ging um die Finanzierung eines Transportes von Allgäuer Kühen nach Ägypten. Diese sollten in der Wüste Mist produzieren, um damit Sand in fruchtbaren Boden zu verwandeln und mit biologisch-dynamischen Anbaumethoden einen gesunden Lebensraum zu erschaffen und Lebensmittel zu produzieren. Das klang nach einer Utopie, aus der aufgrund der Visionskraft von Ibrahim Abouleish eine global beispielhafte Realität geworden ist. Eine Vision, welche die natürlichen Lebensgrundlagen, das soziale Miteinander sowie die geistige, kulturelle und wissenschaftliche Arbeit umfasst.

Eine Vision muss auch immer in die Zukunft hinein weiterentwickelt werden. Wilhelm Ernst Barkhoff, der Gründer der GLS Bank, hat den Satz geprägt: „Die Angst vor einer Zukunft, die wir fürchten, können wir nur überwinden durch Bilder einer Zukunft, die wir wollen." In diesem Sinne ist die Weiterentwicklung der Sekem-Vision von großer Relevanz, für Sekem, für Ägypten und die ganze Welt.

Thomas Jorberg, Geschäftsführer der GLS Gemeinschaftsbank, Deutschland

*

Sekem ist für mich ein Vorbild für ganzheitliches Leben: Biologisch-dynamische Landwirtschaft im Einklang mit Boden, Wasserverhältnissen und Tierwohl; die Versorgung der Menschen mit hochwertigen und gesunden Lebensmitteln; ein gerechtes Einkommen, sowie Bildung und Kultur vom Kleinkindalter an. Wichtig sind auch die stetig neu aufkommenden Initiativen und Ansätze zum Beispiel zur Verbesserung der Frauenrechte und Gleichstellung. Mitten in der Wüste schafft es Sekem, in all diesen Bereichen aufzuzeigen, wie ein fröhliches Miteinander und ein lebenswertes Dasein für jeden Menschen gestaltet werden kann. Hierfür wurde Gründer Ibrahim Abouleish von uns mit dem Right Livelihood Award (Alternativer Nobelpreis) ausgezeichnet.

Monika Griefahn, deutsche Politikerin und Mitbegründerin von Greenpeace Deutschland

Wenn es um visionäre Ideen geht, ist die Stimmung in Deutschland oft entmutigend. Dabei brauchen wir in Anbetracht der zahllosen Krisen, mit denen wir kämpfen oder auf die wir zusteuern, Visionen und Ermutigungen dringender denn je. Sekem hat eine solche Vision. In einem ziemlich herausfordernden Umfeld zeigt Sekem, wie Geld verdient werden kann, ohne die Natur zu schädigen oder Menschen auszubeuten. Sekem beweist, dass eine erfolgreiche und nachhaltige Wirtschaft immer auch Kultur braucht und Bildung fördern muss. Wenn es unter den Umständen, wie sie in Ägypten herrschen, möglich ist, nachhaltig und sozial zu agieren und zu produzieren, dann sollten wir das in Europa eigentlich auch hinkriegen, oder?

Hannes Jaenicke, deutscher Umweltaktivist und Schauspieler

*

Es ist großartig, in Ägypten ein Unternehmen zu haben, das eine Vision für die Zukunft hat und sich sowohl von der Vergangenheit als auch der Gegenwart inspirieren lässt. Sekem verewigt seine Werte, indem die Gründer:innen und Mitarbeiter:innen darauf aufbauend die Zukunft gestalten. Auf wunderbar kreative Weise wird Sekem damit auf ein besonderes Level nachhaltigen, unternehmerischen Denkens gebracht. So sieht wahre institutionelle Größe aus. Ich bin stolz darauf, Sekem als Beispiel dafür in unserem Land zu haben.

Prof. Hossam Badrawi, Vorsitzender der Nile Badrawi Foundation for Education & Development, Ägypten

*

Sekems Vision von Ägypten 2057, die auf der Vision von Dr. Abouleish basiert, kombiniert das Beste aus Ost und West, das Beste aus einer alten Vergangenheit und das Beste aus zeitgenössischem ökologischem Wissen. Sekem hat schon immer das Spirituelle mit Landwirtschaft und Ernährung kombiniert; Sekem zeigt, wie Fülle in einer Wüste geschaffen werden kann und wie Ökologie und Ökonomie in einer Wirtschaft der Liebe und Fürsorge zusammenfinden können.

Dr. Vandana Shiva, indische Wissenschaftlerin und Aktivistin für Umwelt, Soziales und Nachhaltigkeit

Sekem hat seit den 1970er Jahren eine Zukunftsvision entwickelt, die seinem Gründer, Dr. Ibrahim Abouleish, und seiner Strategie recht gibt: Zur Erhaltung dieses Planeten bedarf es des Engagements jedes und jeder Einzelnen in unserer Gesellschaft, eines Menschenbildes, welches Bildung, Zusammenarbeit und die Erhaltung der Umwelt ins Zentrum unseres Denkens und Seins stellt. Seit ich Dr. Abouleish im Jahr 2000 kennenlernen durfte, ist der Beitrag Sekems in den Bereichen ökologische Landwirtschaft und Textilproduktion, Nachhaltigkeit und Regionalentwicklung deutlich sichtbar. Angesichts der Herausforderungen unserer Zeit, ist Sekem ein Zukunftsmodell für nachhaltige Lebensmittelproduktion und -sicherheit, Eindämmung des Klimawandels und eine Kultur des Dialogs.

Georg Stillfried, Österreichischer Botschafter in Ägypten

*

In Sekem habe ich einen verwandten Geist gefunden. Mit meiner Arbeit für die Auma Obama Foundation Sauti Kuu versuche ich, in Kenia das zu erreichen, was Sekem bereits geschafft hat. Sauti Kuu (Kiswahili für „Starke Stimmen") gründete ich, weil ich meiner Gemeinde im Westen Kenias und im Übrigen ländlichen Afrika zeigen will, dass Armut keine Entschuldigung für mangelnde Initiative sein darf. Dass man sein Leben selbst in die Hand nehmen kann. Und dass man es mit lokal verfügbaren Ressourcen und umweltfreundlichen Lösungen verbessern, wachsen und ökonomisch gedeihen lassen kann. Für mich ist die Arbeit, die von Sekem geleistet wird, ein wichtiges Beispiel für die Richtung, die die Welt einschlagen muss, um nachhaltige Ernährungssicherheit und Wirtschaftswachstum für alle zu gewährleisten. Dies geschieht, indem dem Einzelnen und dem Kollektiv beigebracht wird, nicht nur darauf fokussiert zu sein, sich wirtschaftlich selbst zu versorgen, sondern gleichzeitig Rücksicht aufeinander und auf die Umwelt zu nehmen.

Dr. Auma Obama, Germanistin, Autorin sowie Initiatorin und Vorstandsvorsitzende von Sauti Kuu, Kenia

Sekem ist einzigartig in seinem ganzheitlichen Ansatz. Eine lokale, tief in ihrer Gemeinschaft verwurzelte Initiative, die sich mit globalen Perspektiven vernetzt hat. Es zeigt, dass Klein das neue Groß ist, wenn es um Transformation geht. Von besonderer Bedeutung ist in Sekem die Spiritualität, die nicht aus einem Elfenbeinturm heraus vermittelt wird, sondern greifbar im Kontext der täglichen Arbeit erlebbar ist. Auch wenn das alles in Sekem wunderbar funktioniert, kann es nicht kopiert werden. Denn Sekem ist so einzigartig wie die Menschen, die es gegründet haben und heute führen. Es kann vielmehr eine Quelle der Inspiration dafür sein, wie aus der Verbindung von individueller innerer Spiritualität mit dem äußeren Tun nachhaltiger Aktionismus entstehen kann.

Peter Blom, ehemaliger CEO und Vorstandsvorsitzender der Triodos Bank, Niederlande, Vorstandsmitglied des Club of Rome

*

Jedes Jahr, wenn ich Sekem besuche und mit Staunen und Freude die Weiterentwicklung dieser Initiative erlebe, höre ich in mir eine Stimme, die fragt: Könnte Sekem ein Zukunftsmodell sein für ganz Ägypten? Um dies zu sein, müsste Sekem zeigen, wie die großen Herausforderungen angepackt werden können. Und immer wieder bin ich begeistert, wie oft Sekem dies in den unterschiedlichen Bereichen schafft. Sekem zeigt seit über 40 Jahren, wie die Wüste fruchtbar gemacht werden kann, wie viele Menschen zusammenarbeiten können und wie jeder Mensch durch Lernen ein Träger der Zukunft sein kann. Ich glaube, Sekem kann für die Zukunft Ägyptens einen wichtigen Beitrag leisten. Ich hoffe, das große und reiche Land Ägypten findet einen mutvollen Weg in die Zukunft. Inshallah.

Ueli Hurter, Vorstand am Goetheanum, Leiter der Sektion für Landwirtschaft, Schweiz

Als ich Sekem in den frühen 1980er Jahren zum ersten Mal besuchte, hatte ich das Gefühl, eine Welt zu betreten, die zum einen zukunftsweisende, fast futuristisch anmutende Kontexte realisiert hatte, und die zum anderen tief in der ägyptischen Realität verankert war. Für mich ein herausragendes Beispiel dafür, dass wir uns eine bessere Zukunft für die Menschen und ihre Umwelt nicht nur vorstellen, sondern dass wir sie auch verwirklichen können. Sekem zeigt, dass es möglich ist, traditionelles Wissen und lang erprobte Praktiken mit neuen wissenschaftlichen Erkenntnissen aus den Bereichen Kultur, Soziales, Wirtschaft und Ökologie zu verbinden. In fortwährender Dankbarkeit für diesen Ansatz gedenke ich Dr. Ibrahim Abouleish.

Laila Iskander, ägyptische Politikerin und soziale Unternehmerin

*

Sekem verkörpert, wie nachhaltige Entwicklung aussehen sollte: Ein ganzheitlicher und integraler Ansatz auf allen Ebenen und in allen Dimensionen, wobei die menschliche Entwicklung stets im Mittelpunkt steht und in der praktischen Arbeit stattfinden kann. Die Realisierung dieser Vision hat mich dazu inspiriert, Sinal do Vale in Brasilien zu gründen. Ich werde immer dankbar sein, dass mich Sekems inspirierende Vision begleitet und wünsche mir, dass in diesen turbulenten Zeiten viele andere Pioniere die Chance haben, von Sekem zu lernen. Denn Sekem ist ein Leuchtturm für alle, die bereit sind, einen echten Wandel in ihren Betrieben herbeizuführen.

Thais Corall, Soziale Unternehmerin und Aktivistin sowie Gründerin von Sinal do Vale, Brasilien

Persönliche Vorbemerkung

Wir haben eine Vision. Eine Vision von der Zukunft Ägyptens. Sie strahlt uns entgegen und erfüllt uns mit Freude und Tatendrang.

Wenn ich „wir" sage, dann meine ich den *Sekem-Zukunftsrat*. Dieser Rat besteht im Moment aus 20 Menschen, die sich alle bewusst dazu entschieden haben, sich an der Verantwortung für die Umsetzung der Sekem-Vision zu beteiligen. Mein Vater hat diese Rolle wie folgt beschrieben: „Zu den Bedingungen dieses Rates gehört es, eine lebendige Verbindung zu den geistigen Quellen der Vision zu pflegen. Eine weitere Bedingung sehe ich darin, dass die Führungsmitglieder sozialfähig sind, dass sie die Verbindung mit den jeweils anderen als Bereicherung und Ergänzung erleben und voneinander ein Bewusstsein haben. Gemeinsam können sie Problemen objektiv begegnen, aneinander lernen und in der Auseinandersetzung mit der Welt in die Überzeugung hineinwachsen, dass es nichts gibt, was nicht lösbar wäre."[1] Besser könnte man das tiefe Engagement meiner Zukunftsrat-Kolleg:innen nicht beschreiben. In diesem Buch wollen wir von unseren Inspirationen, Visionen und Taten erzählen.

Immer wieder fällt uns auf, wie negativ der Blick in die Zukunft geprägt ist – dabei gibt es bei allen Stolpersteinen so viele großartige Lösungen, die eine positive Zukunft schaffen können. Ein Grund für diese Zuversicht ist, dass wir uns nicht nur eine Zukunft vorstellen, die aus der Vergangenheit geprägt ist, sondern den Blick auch auf das Potential werfen, das uns aus der Zukunft entgegenkommt. Dieser Ansatz ist das Erbe meines Vaters, der die Sekem-Vision 1977 in diesem Bewusstsein formuliert hat.

40 Jahre später ist mein Vater verstorben. Er hat uns seine Vision hinterlassen und mit der Sekem-Initiative ein daraus erwachsenes vielfältiges Gebilde, das die unterschiedlichsten Aktivitäten umfasst. Durch diese Entwicklung sind uns einige Zukunftsfragen deutlich geworden: Wie kann die Vision meines Vaters in die Zukunft wirken? Wie wird sich die Sekem-Gemeinschaft ohne ihre Gründer weiterentwickeln? Oder: Wie kann die Vision in der Sekem-Initiative weiter lebendig bleiben?

1 Ibrahim Abouleish, Die Sekem Symphonie, S. 178

Eine besondere Landschaft als Ausgangspunkt einer Vision

Mein Vater ging ohne Sorge, denn er hatte mich in den vergangenen 40 Jahren auf seine Nachfolge vorbereitet. Als wir uns dann in dieser konkreten Situation der Verantwortungsübernahme wiederfanden, wurde deutlich, dass es nun an der Zeit und an uns war, Antworten auf diese Fragen zu finden.

Mein Vater war ein charismatischer Charakter, der als Gründer und Visionär Einblicke und Bewusstsein für die Entwicklung und das Anliegen Sekems hatte wie kein anderer. So geht es für uns nicht wirklich um die Frage der Nachfolge im Sinne eines Ersetzens meines Vaters, sondern vielmehr um eine Weiterentwicklung und Veränderung. Nicht eine Person kann und soll die Gründer ersetzen, sondern Sekem soll aus dem Geiste vieler gestaltet werden. Dafür hatte mein Vater bereits den Zukunftsrat gegründet. Dieser muss sich nun von einer Gruppe aus engagierten Menschen, die Sekem prägend mitgeformt haben, zu einer Instanz entwickeln, die so befähigt und organisiert ist, dass sie die Vision lebendig weitertragen kann. Auf dieser, zuweilen steinigen und holprigen, aber immer spannenden und vielversprechenden Entdeckungsreise befinden wir uns gerade.

Die Sekem-Initiative ist ein vielfältiges Gebilde mit dem Anspruch, ganzheitlich zu arbeiten. Das heißt, in allen Bereichen werden stets die jeweils anderen Dimensionen einbezogen, um sich gegenseitig und miteinander zu ergänzen. Gleichzeitig bleibt aber jeder Bereich frei und ohne Abhängigkeit von einer anderen Dimension. Diese Aufgabe, die über 40 Jahre lang von uns Gründern geleitet wurde, nun in mehrere Hände zu geben, ist ein komplexer Umstrukturierungsprozess, der Zeit benötigt. Jede und jeder einzelne bringt seine eigene Individualität mit, und je mehr Platz diese bekommt, desto effektiver wird das gemeinschaftliche Tun.

Rückblickend kann ich feststellen, dass dieser Prozess für mich persönlich bereits 2011 eingeleitet wurde, als ich 100 Tage im Gefängnis verbrachte. Während der Revolution in Ägypten war ich, wie etliche andere Unternehmer und auch Minister und Aktivisten, mit dem Vorwurf der Korruption verhaftet worden. Nach drei Monaten kam ich wieder frei und die Anklage wurde später fallengelassen. Ich habe diese Zeit dazu genutzt, etliche Themen zu reflektieren, wozu ich in meinem überfüllten Arbeitsalltag nie Zeit und Muße gefunden hatte. Zum Beispiel ging es um mein eigenes inneres Vermögen, wieder erkennen zu können, wie wichtig es ist, der Zukunft unvoreingenommen entgegenzutreten und neue Impulse zuzulassen. Ich beschäftigte mich auch mit meinem Verhältnis zum Islam, der mich zu meinen spirituellen Quellen zurückbrachte; und ich reflektierte über meine Rolle in Sekem und meine Ziele für die Zukunft ebenso wie über meine Aufgabe in der ägyptischen Gesellschaft. Damit begann ein Prozess, der mich wegführte von nationalen und internationalen Bühnen, die mich in der Zeit davor beschäftigt hatten, und hinführte zu der Fokussierung auf Sekem. Das Bewusstsein von der Bedeutung der fortwährenden individuellen inneren Schulung für die Weiterentwicklung Sekems wurde wieder klarer. Aus meiner heutigen Sicht können wir mit einer so gelebten Vision viel mehr in der Welt bewirken, als nur über die Politik.

Und genau das ist es, was wir mit unserer Zukunftsvision, um die es in diesem Buch gehen soll, zeigen wollen. Nach der Pionierphase, der Gründungszeit Sekems, wo erst einmal grundsätzlich zu beweisen war, dass so eine Initiative wie Sekem überhaupt lebensfähig ist – denn das wurde in den Anfangsjahren weitgehend bezweifelt – wollen wir nun den nächsten Schritt gehen und anhand vieler pionierhafter Projekte einen systemrelevanten Wandel in Ägypten unterstützen. Ich bin überzeugt davon, dass wir so zu einer erfolgreichen Zukunft des Landes beitragen werden. Denn wir können heute

Aus der Wüste wurde eine blühende Landschaft

auf die praktische Erfahrung aus 45 Jahren Visions-Umsetzung zurückgreifen, wir sind verwurzelt in geistigen Inspirationsquellen, die uns sicher tragen, und es arbeiten Menschen mit, die dazu fähig sind, sich jeden Tag neu zu hinterfragen und weiterzuentwickeln. Auf dieser Grundlage ist es nun unser Anliegen, praktische Lösungsmodelle zu kreieren und zu teilen.

In diesem Buch wollen wir Sie an diesem Prozess teilhaben lassen. Wir wollen berichten, welche zukunftsweisenden Projekte wir begonnen haben – wie wir Zukunft mit Initiative gestalten und gleichzeitig Räume offenhalten, in denen sich aus der Zukunft Ankommendes entfalten kann. Damit wollen wir zeigen, warum wir so zuversichtlich und voller Freude an der Gestaltung von Zukunft mitarbeiten!

Einleitung

Als ein „Wunder in der Wüste" ist die Sekem-Initiative heute bereits vielen Menschen ein Begriff. Die einen sprechen von einer blühenden Farm inmitten der Wüste, die anderen von ganzheitlich agierenden Bildungseinrichtungen für die ländliche Bevölkerung Ägyptens. Wieder andere kennen unsere Firmen für Bio-Produkte oder haben von einer nachhaltig lebendenden Gemeinschaft aus Christen und Muslimen, von Menschen aus aller Welt und Ägypter:innen gehört. Was Sekem tatsächlich in der Realität ist und wie es gelebt wird, ist nicht in wenigen Worten zu beschreiben. Das macht Sekem womöglich aus: die Vielseitigkeit in der Ganzheit und die Beständigkeit trotz stetiger Entwicklung und Veränderung. Selbst wer Sekem einmal besucht hat und dabei das komplexe Gefüge gesehen und erlebt hat, wird, wenn er wiederkommt, mit großer Wahrscheinlichkeit neue Projekte, Menschen, Einrichtungen oder Strukturen vorfinden. 45 Jahre nach der Gründung ist Sekem in der Tat ein Phänomen – die tatsächlich in der Praxis angewandte Vision einer ganzheitlich gelebten Initiative für nachhaltige Entwicklung. Und gleichzeitig ist Sekem doch unendlich weit von Perfektion entfernt. Auch dies scheint entscheidend zu sein: das Neue wird – oft mit vielen Kompromissen und mitunter schwer zu ertragenden Unklarheiten – buchstäblich in Angriff genommen, und kann sich dann im direkten Tun entwickeln, meist ganz anders als zunächst gedacht.

Dieses Buch will darlegen, wo die Ursprünge liegen, wie das Zusammenwirken von vier von uns identifizierten grundlegenden Dimensionen funktioniert, und wie die Sekem-Vision nun, ähnlich utopisch und konkret-praktisch wie zu ihrem Beginn, in die Zukunft wirken will. Denn die Sekem-Vision ist noch lange nicht vollendet. Nach 45 Jahren praktischer Erfahrung und Entwicklung können heute konkrete Lösungsmodelle für einen nachhaltigen Wandel aus ihr vervielfältigt werden. Was von einem renommierten Unternehmen erwartet wird, nämlich Wachstum, ist dabei nicht zentral. Es geht vielmehr um eine Intensivierung des Entstandenen und das Aufgreifen von ankommenden Impulsen – so, dass daraus Modelle entstehen, die einfach vervielfältigt und angepasst werden können

Gemeinsamer Beginn am Morgen: einer der vielen täglichen Kreise auf der Sekem Farm

und durch eine weitflächige Verbreitung zu einer wirklichen Veränderung bestehender Strukturen beitragen.

Wir werden zunächst auf die Inspirationsquellen blicken und einen kurzen Überblick über die historische Entwicklung geben. Dann werden wir die vier verschiedenen Wirkungsbereiche genauer betrachten: den ökologischen, den wirtschaftlichen, den kulturellen und den sozialen. Und schließlich werden wir von unserer Vision von Ägypten 2057 und unseren 16 Visionszielen berichten. Im Rahmen dieser 16 Ziele haben wir bereits etliche Projekte auf den Weg gebracht, die alle unterschiedlich weit fortgeschritten sind. Einige sind bereits so weit, dass sie eine Systemrelevanz für Ägypten erreicht haben. Andere sind noch in der Phase der Erforschung oder Modell-Entwicklung. Die 16 Visionsziele sollen Lösungsmodelle für die Herausforderungen der heutigen Zeit darstellen, mit denen wir unsere Vision von einer nachhaltigen Zukunft Ägyptens realisieren können.

Die Herausforderungen der heutigen Zeit sehen wir auch darin begründet, dass die Welt einen Bewusstseinswandel braucht, beziehungsweise dass sie sich gerade in einer Phase der Transformation zu einem neuen Bewusstsein befindet. Die Sekem-Vision sensibilisiert uns für dieses neue Bewusstsein und für die unterschiedlichen Bewusstseinsstadien, die in der Welt wirken. So erkennen wir immer deutlicher, dass in der heutigen Zeit vieles von einem überwiegend auf den Verstand und auf das Materielle ausgerichtete Bewusstsein geprägt ist. Kunst, Kultur, Emotionen oder Spiritualität kommen dabei oft zu kurz. In der Überzeugung, dass ohne diese Empfindungsebene nachhaltige Entwicklung und Zukunftsfähigkeit nicht möglich sind, wollen wir in diesem Buch auch das Thema der Bewusstseinsentwicklung behandeln.

Die umfangreiche Darstellung der Inspirationsquellen, über die praktische Umsetzung bis hin zur Zukunftsvision haben wir gewählt, um damit auch die Notwendigkeit einer ganzheitlichen Betrachtung der Dinge und eines umfassenden Entwicklungsansatzes zu verdeutlichen.

Die Inspirationsquellen der Sekem-Vision

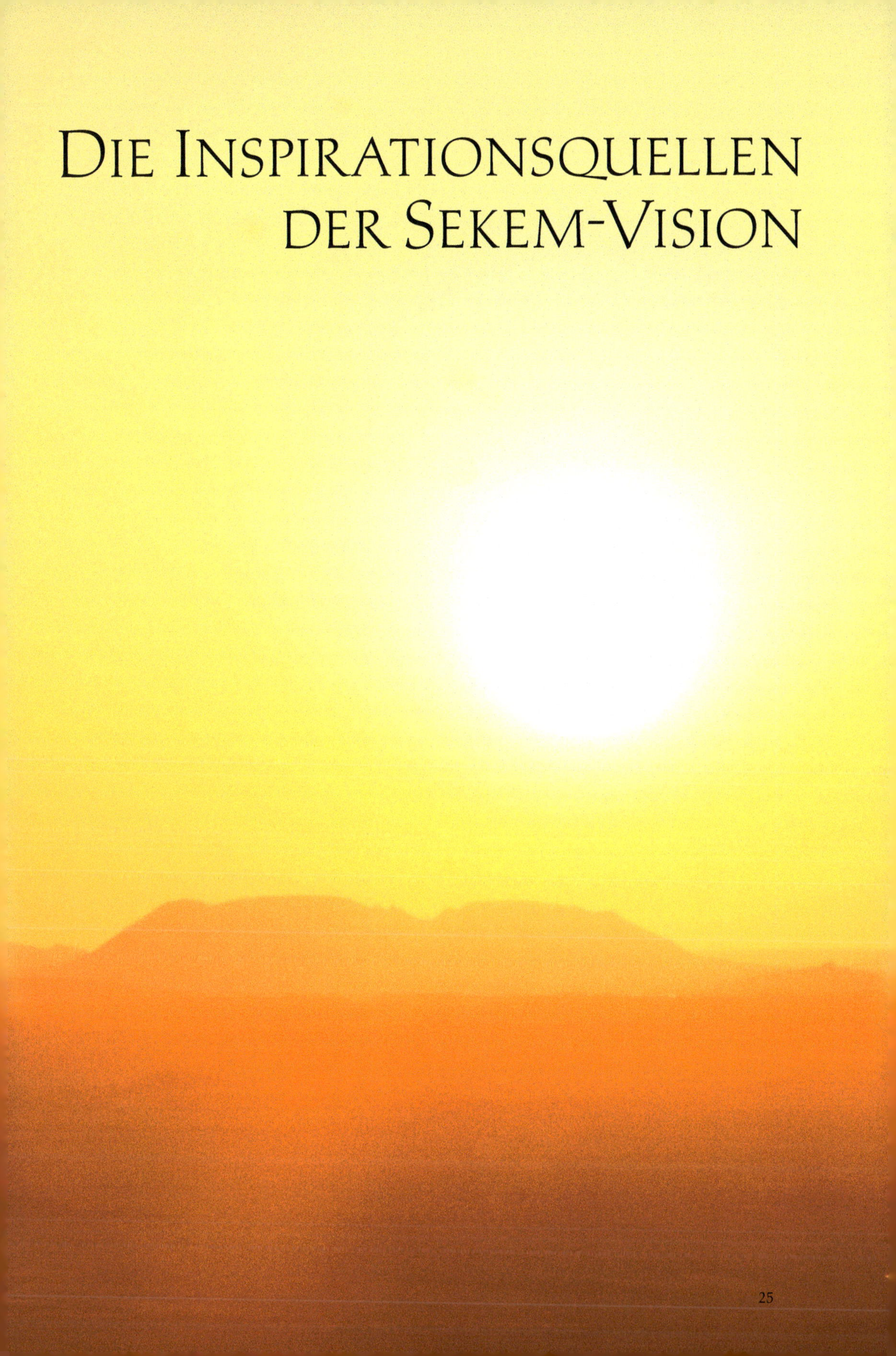

Oft werde ich nach den spirituellen Hintergründen von Sekem gefragt. Es entstand aus meiner Vision. Meine eigenen geistigen Quellen liegen in den unterschiedlichsten Kulturräumen: in der islamischen Welt und im europäischen Geistesgut. Ich bewege mich in diesen Bereichen wie in einem großen Garten, und pflücke die Früchte von den verschiedensten Bäumen.

Ibrahim Abouleish

Die Entstehung und Umsetzung der Sekem-Vision, also die Realisierung der Sekem-Initiative, ist eng mit der Biografie und den Inspirationsquellen von Ibrahim Abouleish verbunden. Er konnte im Laufe seines Lebens die verschiedenartigen Strömungen und Impulse, die seinen Lebensweg durchzogen, innerlich miteinander verbinden und damit eine Synergie der Inspirationen aus Orient und Okzident, Ägypten und Europa, Islam und Christentum, Spiritualität und Wissenschaft schaffen: „Ich lebte in zwei von mir als gegensätzlich erlebten Welten: im geistigen Strom des Orients von Geburt her und in demjenigen Europas, dem ich mich wahlverwandt empfand. Nun erlebte ich zunehmend Augenblicke, in denen sich diese zwei Strömungen in meiner Seele verbanden und in denen ich weder Europäer noch Agypter war. (...) Die beiden grundverschiedenen Kulturen begannen sich in mir in ihrer Gegensätzlichkeit aufzulösen und zu einem Neuen, Dritten zu verschmelzen, so dass ich weder ganz das eine noch das andere war. (...) Aber was ich erlebte, war keinesfalls ein billiger Kompromiss, auch nicht nur Toleranz, sondern eine Synthese, ich glaube sogar sagen zu dürfen eine Steigerung im goetheschen Sinne, eine echte Vereinigung von zwei Kulturen in mir. (...) Ich war ein ‚Dritter' geworden und dieser ‚Dritte' wollte ich bleiben – auch in meiner Religionszugehörigkeit (..) wollte ich dieser ‚Dritte' sein, der in beidem lebt und sich zu einer übergeordneten Anschauung erhebt."[2]

2 Die Sekem Symphonie, S. 39f.

So kamen die Inspirationen für die Sekem-Vision aus unterschiedlichsten Quellen: Aus dem Islam ebenso wie aus der Anthroposophie; aus der heimischen ägyptischen Kultur ebenso wie aus der europäischen; von Goethe oder Beethoven, ebenso wie von den arabischen Mystikern.

Ibrahim Abouleish hat diese vielfältigen Impulse immer wieder in verschiedenen Formen mit den Menschen geteilt – während der regelmäßigen Treffen der Sekem-Mitarbeiter:innen, aber auch mit Menschen aus anderen Teilen der Welt, die zu ihm kamen, um etwa von seiner Interpretation des Korans und vor allem von deren praktischer Umsetzung zu erfahren. Er selber ging die Dinge mutig und mit großem Tatendrang an, änderte sein Vorgehen ständig, und brachte damit nicht wenige zur Verzweiflung. Er verblüffte aber auch mit sofortiger Einlenkung, wenn Einwände der Sache dienlich schienen. Die Sekem-Initiative mit ihren unterschiedlichen Tätigkeitsfeldern ist für dieses Vorgehen ein lebendiges Beispiel. Wir beziehen uns gerne auf einen Spruch Rudolf Steiners, des Begründers der Anthroposophie: *Suchet das wirklich praktische materielle Leben, aber suchet es so, dass es euch nicht betäubt, über den Geist, der in ihm wirksam ist. Suchet den Geist, aber suchet ihn nicht in übersinnlicher Wollust, aus übersinnlichem Egoismus, sondern suchet ihn, weil ihr ihn selbstlos im praktischen Leben, in der materiellen Welt anwenden wollt. Wendet an den alten Grundsatz: Geist ist niemals ohne Materie, Materie niemals ohne Geist in der Art, dass ihr sagt: wir wollen alles Materielle im Lichte des Geistes tun, und wir wollen das Licht des Geistes so suchen, dass es uns Wärme entwickele für unser praktisches Tun.*

In diesem Kapitel sollen die Inspirationen insbesondere aus dem Islam, aber auch aus Kunst und Literatur aus Orient und Okzident beschrieben werden, die zur Sekem-Vision und ihrer Umsetzung ins praktische Leben geführt haben. „Für weite Teile der Welt bedeutet es ein Rätsel, was dieser Islam eigentlich will und was er bedeutet. Dieser ganze Hintergrund soll durch unsere Arbeit deutlicher werden“[3], schrieb Ibrahim Abouleish.

Wir haben, was die Interpretationen der Inspirationsquellen betrifft, keinen Anspruch auf Wissenschaftlichkeit oder Vollständigkeit, sondern wollen vielmehr die von uns in Sekem angewandten Auslegungen beschreiben – Bemühungen, die wir heute für wichtiger halten denn je und die uns zu unserer Zukunftsvision geleitet haben.

3 Die Sekem Symphonie, S. 145

Es gilt zu beachten, dass es sich bei den von uns genannten Zitaten aus dem Koran um Übersetzungen und Interpretationen von Ibrahim Abouleish handelt, die er selbst auf Grundlage der Koranübersetzung von Adel Theodor Khoury vorgenommen hat.

Das Darlegen der Inspirationsquellen scheint uns außerdem von Bedeutung, da das Prinzip einer Verbindung von materiellem, „weltlichen" Tun mit einer spirituellen Sphäre in der heutigen Zeit kaum mehr Beachtung findet. Die Verbindung des praktischen Lebens mit dem Geistigen stellt aber, so sind wir überzeugt und das hat uns die Realität gelehrt, eine Voraussetzung für tatsächliche Zukunftsfähigkeit und Nachhaltigkeit dar. Ibrahim Abouleish war der Überzeugung, dass nicht das Geringste unserer Vision verwirklicht werden könnte ohne eine tägliche, konkrete Verbindung mit der geistigen Welt.

Wir wollen in diesem Kapitel auch davon berichten, wie wir historisches geistiges Gut in die heutige Zeit transformieren und es uns so wichtige Grundlagen für große aktuelle Fragestellungen liefert. Die alten Weisheiten verlieren nicht an Aktualität, und oftmals erstaunt die Tatsache, dass drängende Fragen von heute offenbar schon weitaus früher in Erscheinung getreten sind.

Entwicklungsimpuls aus Orient und Okzident

Im Zentrum der Sekem-Vision steht Entwicklung. Eine ganzheitliche nachhaltige Entwicklung, welche die Natur, die Wirtschaft, die Gesellschaft und die Kultur im Gleichgewicht einschließt – wobei die Entwicklung dieser vier Bereiche schlussendlich stets der Entwicklung des Menschen und der Welt dienen soll. Dieser zentrale Entwicklungsgedanke ist ein Ansatz, der alle genannten Inspirationsquellen verbindet.

Bereits die erste Offenbarung des Propheten Mohammed[4] kann als Aufforderung zur Entwicklung verstanden werden. Der Erzengel Gabriel fordert den Propheten auf: *Lies!* Für den Propheten Mohammed, der Analphabet ist, bedeutet die Aufforderung zum Lesen die Suche nach dem Erkennen und der Auseinandersetzung mit sich und der

4 Sure 96

Menschen auf dem morgendlichen Weg zum Arbeiten und Lernen in Sekem

Welt und nicht das konkrete Lesen des geschriebenen Wortes. In der betreffenden Sure wird dem Menschen dann die Fähigkeit des Erkennens zugesprochen. Gleichzeitig wird darauf hingewiesen, wie diese Erkenntnisfähigkeit auch zu Selbstherrlichkeit und Überheblichkeit führen kann, die den Menschen aus dem einheitlichen Erleben des Weltzusammenhanges hinausfallen lässt. Wir empfinden diese Selbstüberhebung des naturwissenschaftlich geprägten Menschen, im aktuellen technischen Zeitalter lebend, und die dadurch ins Abseits gedrängte Spiritualität oft als eine Herausforderung der heutigen Zeit. Denn: Naturwissenschaft, Technik und Wissenschaft schließen Spiritualität nicht aus. Vielmehr macht das komplette Loslösen einer Thematik aus einem ganzheitlichen Kontext Wissenschaft unvollkommen.

In dieser 96. Koran-Sure (9-13) folgen dann drei Fragen: *Hast du den in dir erkannt, der den Menschen hindert, sich mit dem Göttlichen zu ver-*

binden? Erkennst du den, der führt auf dem geraden Weg, den, der Gott vergegenwärtigt? Hast du den erkannt, der die Wahrheit verleugnet und sich abwendet?

Diese Fragen zeigen drei Qualitäten einer Prüfung auf und weisen darauf hin, dass der Mensch die Möglichkeit hat, seine Entwicklung frei zu vollziehen. Frage eins spricht von eben jener Versuchung, durch die der Mensch sich selbst für göttlich hält und nicht der Gnade des Göttlichen bedarf. Frage drei weist auf die Gefahr hin, die Wahrheit oder das Göttliche zu verleugnen und ausschließlich die Materie anzuerkennen. Aber die mittlere Frage deutet auf den Entwicklungsweg hin, den der Mensch gehen kann. Wann und wie er diese Entwicklung vollzieht, ist in die Freiheit jedes Einzelnen gestellt, wie der Koran betont: *Vor sich und hinter sich hat er Engel, die ihn auf Allahs Geheiß behüten. Allah verändert nicht den Zustand der Menschen, bevor sie nicht selbst ihren Zustand verändern.*[5]

Wir sehen eine Aufgabe für die Zukunft darin, es jedem Mitglied unserer Gemeinschaft zu ermöglichen, seinen Weg frei zu wählen – fest auf der Erde verankert zu sein und dennoch Zugang zu Spiritualität, zum Geistigen oder einer anderen als der rein materiellen Sphäre zu finden.

Neben der individuellen Entwicklungsaufgabe ist dem Menschen aber auch die Verantwortung für die Welt aufgetragen worden: *Wir haben die Weltenverantwortung den Himmeln und der Erde und den Bergen angeboten, sie aber weigerten sich, sie zu tragen, sie schraken davor zurück. Der Mensch trug sie.*[6]

Wenn der Koran anschließend hinzufügt: *Er ist wirklich töricht!* oder *Er hat sich selbst überschätzt aus Unwissenheit,* so kann dies als Hinweis verstanden werden, dass wir Menschen dieser Verantwortung nicht gerecht werden; die Themen sind zahlreich und bekannt. Kein Mensch möchte bewusst Schaden anrichten, und dennoch geschieht es. Diese Weltenverantwortung tragen zu lernen, bedeutet, sich das nötige Bewusstsein dafür zu erarbeiten. Dazu möchte Sekem beitragen.

Den Zugang zu dieser zentralen Entwicklungsidee hat Ibrahim Abouleish in den Werken Goethes gefunden. Der deutsche Dichter und Naturforscher war zunächst der Grund dafür, dass der junge Ibrahim im Alter von 19 Jahren durch nichts von seinem Vorsatz abzu-

5 Sure 13,11. | 6 Sure 33,72

bringen war, von Ägypten nach Europa zu reisen, um zu studieren. Das Werk Goethes rief in ihm eine Sehnsucht hervor, die europäische Kultur kennenzulernen, in der er dann wiederum weitere Inspirationsquellen fand. Die Naturbetrachtung Goethes, seine ganzheitlich orientierte Methodik, sein Verständnis für den Islam, aber eben auch das immer wieder in seinem Werk auftauchende Entwicklungsthema inspirierten Ibrahim Abouleish Zeit seines Lebens. Besonders gerne zitierte er aus Goethes Gedicht *Urworte. Orphisch*:

Wie an dem Tag, der dich der Welt verliehen,
Die Sonne stand zum Gruße der Planeten,
bist alsobald und fort und fort gediehen,
nach dem Gesetz, wonach du angetreten.
So musst du sein, dir kannst du nicht entfliehen,
so sagten schon Sibyllen, so Propheten;
Und keine Zeit und keine Macht zerstückelt,
geprägte Form, die lebend sich entwickelt.

Ibrahim Abouleish war sich zwar der charakterlichen Prägung der Menschen voll bewusst, er sah sie aber nicht als unabänderlich, sondern setzte auf eine fortwährende Entwicklung. Dabei rechnete er nicht mit Jahren, sondern mit vielen Generationen und Jahrhunderten. Für die Realisierung seiner Vision hatte er einen 200-Jahresplan angedacht.

Die „geprägte Form, die lebend sich entwickelt", wurde zu einem konkreten Teil der Sekem-Vision, an dem wir tagtäglich arbeiten. Eine ständige Fortentwicklung und Erneuerung ist von zentraler Bedeutung – insbesondere für die Gemeinschaftsbildung und das soziale Miteinander. Wir sind der Überzeugung, dass eine Menschengemeinschaft, getragen von geistigen Idealen, gegenseitigem Vertrauen und ständiger Entwicklungsbereitschaft, eine starke soziale Lebendigkeit erschaffen kann. Diese Lebensweise erfordert die Bereitschaft zum ständigen Umdenken – ein ausgesprochen unbequemes Unterfangen. Und dieses Verständnis von lebenslangem Lernen, das in Sekem auch in der gemeinsamen Arbeit stattfindet, hat dazu geführt, dass die Mitarbeiter:innen im Rahmen des sogenannten *Core Program* (Kernprogramm oder Herzstück), kontinuierlich geistige und künstlerische Tätigkeiten in den Arbeitsalltag integrieren.

Die Grundlagen zu dieser Entwicklungsarbeit entstammen unterschiedlichen Quellen. Von besonderer Bedeutung ist dabei die Auseinandersetzung mit Seelenentwicklungsstufen, wie sie beispielsweise in der Anthroposophie oder bei Don Beck beschrieben werden (siehe dazu die nähere Beschreibung im Kapitel: *Vision 2057 im Kontext und Zeitgeschehen*): Empfindungsseele, Verstandesseele und Bewusstseinsseele beziehungsweise die verschiedenfarbigen *Meme*. Rudolf Steiner zufolge vereint jeder Mensch diese drei Haupt-Entwicklungszustände in sich. Sie können aber auch einzeln und in ganzen Kulturräumen, Gesellschaften oder gar unterschiedlichen Zeitaltern dominant sein.

Auch im Koran finden wir Hinweise auf unterschiedliche Entwicklungszustände der Seele beziehungsweise des Bewusstseins, zum Beispiel in den verschiedenen Stadien der Religionsausübung oder des Glaubensverständnisses. *Muslim* ist derjenige, der sich zur Religion des Islam bekennt; *Muslim* bedeutet übersetzt Gottergebener, der die fünf Säulen des Islam befolgt (das Glaubensbekenntnis, die vorgeschriebenen Gebete, die Pilgerfahrt, das Fasten im Ramadan und die soziale Pflichtabgabe). Dann gibt es den Mu´min, das ist der überzeugte Glaubende, für den die Suche nach geistiger Erkenntnis zu einem inneren Anliegen geworden ist. Und Muḥsin ist der Mensch, der Wissen und Urteilskraft besitzt und für den Glauben und Handeln eins geworden sind, bei dem also die Weisheit zur Tat wird. Auf diese drei Unterscheidungen der Gottesfurcht wird im Koran an mehreren Stellen hingewiesen, beispielsweise in Sure 5, 93: *Diejenigen, die glauben und gute Werke tun, begehen im Hinblick auf das, was sie aufnehmen, kein Vergehen. Wenn sie nur gottesfürchtig sind (mit dem Herzen erkennen, Muslim) und glauben und gute Werke tun, und weiter gottesfürchtig sind (im Tun erkennen, Mu´min) und glauben, und dann nochmals gottesfürchtig und rechtschaffen sind. Und Allah liebt jene, die Gutes tun* (aus Liebe handeln, *Muḥsin).*

Die Rücksichtnahme auf diese unterschiedlichen Bewusstseinszustände und das Schaffen entsprechender Entwicklungsräume ist eine tragende Säule der Sekem-Vision, die konkret dem Hauptanliegen, der Potentialentfaltung und Entwicklung der Menschen dient. Dieses Verständnis im alltäglichen Tun stets im Bewusstsein zu haben, zu fördern und dies niemals mit einer Wertung zu verbinden, ist gleichzeitig auch immer die größte Herausforderung und ein Schulungsweg für jede und jeden selbst. Jede Bewusstseinsstufe erlernt

Neues und verliert dadurch möglicherweise Altes. Jeder einzelne Mensch auf dieser Welt ist irgendwo auf demselben Weg, alles ist in ständigem Wandel. Nur mit dieser Erkenntnis ist es uns möglich, niemals zu bewerten, sondern lernend zu beobachten – in erster Linie uns selbst. Für die Sekem-Vision ist es weniger von Bedeutung, wie und wo Entwicklung stattfindet – ob auf geistiger Ebene oder physisch – wichtig ist vielmehr, dass die Entfaltungs- und Gestaltungsmöglichkeiten, die ein Mensch in sich trägt, genutzt werden können.

Die vier Dimensionen des Lebens

Die drei Dimensionen Wirtschaft, Gesellschaft und Kultur wirken ineinander und sind doch jeweils eigenständig; eingebettet sind sie in die Natur, die vierte Dimension. Dieser drei- beziehungsweise vierdimensionale Ansatz, den Sekem auch in der *Nachhaltigkeitsblume* verbildlicht hat, wurzelt besonders stark in dem anthroposophischen Modell der sozialen Dreigliederung. Die Dreigliederung will die Struktur der Gesellschaft nicht zentral steuern; die drei Bereiche Wirtschaftsleben, Rechtsleben und Geistesleben sollen als gleichrangig, aber unterschiedlich in ihrem Wesen, in sich zentralisiert von Menschen geleitet werden, die ganz im Tun der jeweiligen Dimension aktiv sind. Nur dadurch sind sie befähigt, die richtigen Entscheidungen zu treffen. Jedem der drei Bereiche ist ein Ideal, bekannt aus der Französischen Revolution, zugeordnet: dem Geistesleben die Freiheit, dem Rechtsleben die Gleichheit und dem Wirtschaftsleben die Brüderlichkeit (heute eher Geschwisterlichkeit). Ibrahim Abouleish hat die drei Bereiche erweitert beziehungsweise sie in den großen, alles tragenden Bereich der Umwelt eingebettet: „Das Bild der Viergliederung des Lebens ist eine große Gebärde, in der alle einzelnen Glieder lebendig bewegt sind und miteinander zusammenhängen. Ein großes Ganzes, eine übergeordnete Idee umschließt und formt die einzelnen Gestalten, die wie Organe in einem großen Organismus eingebettet sind. Sekem hat sich zu seiner jetzigen Form organisch entwickelt."[7] Von grundlegender Bedeutung für die Lebendigkeit und das Gelingen der Sekem-Initiative ist

7 Die Sekem Symphonie, S. 164

stets, dass die vier Bereiche immer ausgewogen miteinander wirken und nicht aus dem Gleichgewicht geraten und nicht ein Bereich stärker im Fokus steht. Dabei ist das Einzelne immer in Beziehung zum Ganzen zu sehen; die einzelnen Bereiche und das Ganze stehen in einem lebendigen Wechselspiel. Was hier so schön beschreibbar ist, lässt sich im täglichen Tun oft nicht so leicht vereinbaren, denn die Dimensionen scheinen sich zuweilen zu widersprechen. Was im Wirtschaftsleben für nötig empfunden wird, ist für das Kulturleben vielleicht nicht zu rechtfertigen. Beispielsweise eine Frage aus der Produktentwicklung: Welche Puppen, die wir in unserer Firma *NatureTex* produzieren, sind für die Kindesentwicklung wirklich förderlich? Ein anderes Beispiel zu den Bedürfnissen aus dem Kultur- und Wirtschaftsleben: Wann ist eine dringende Produktion für die Mitarbeiter:innen tatsächlich wichtiger als das Wahrnehmen der *Core Program*-Stunden? Ähnliche Fragen stellen sich auch in möglichen Konflikten innerhalb des Soziallebens: Wie verträgt sich ein gutes Gehalt mit den wirtschaftlichen Zahlen einer Firma? – Erst wenn alle Beteiligten sich ganz bewusst darüber sind, dass nur alle Dimensionen gemeinsam wirklich zu einem vollkommenen Ganzen werden, können solche Fragen nachhaltig beantwortet werden. Wichtig ist dabei, dass es sich nicht nur um ein Dulden oder um Toleranz gegenüber den jeweils anderen Dimensionen handelt, sondern dass sie wirklich bewusst wahrgenommen werden und ehrliche Aufmerksamkeit erhalten.

Auch im Islam finden wir Formen der Dreigliederung. Die islamischen Konzepte ʿalm (Streben nach Wissen), ʿamal (Arbeit) und muʿamla (Behandlung oder Qualität des sozialen Umgangs), verstehen wir als die drei Bereiche Kultur, Wirtschaft und Gesellschaft. ʿAlm, das Wissen, ist die Dimension der Kultur und Bildung, das Streben nach dem Geist. ʿAmal, die Arbeit, ist die Dimension einer fairen Wirtschaft und Verarbeitung, ein Dienst für die Erde und die Menschen. Und muʿamla, die Behandlung, ist der soziale Umgang und vollzieht sich im Miteinander. Die Verbindung dieser drei Dimensionen im Koran kann dadurch erkannt werden, dass alle drei Ausdrücke derselben Wortwurzel entstammen, was in der arabischen Sprache auf eine Zusammengehörigkeit beziehungsweise einen in Verbindung stehenden Bedeutungsrahmen hinweist.

Die Sekem-Symphonie

WAS BISHER GESCHAH (1977 BIS 2017)

In seiner Autobiografie *Die Sekem-Symphonie* beschreibt Ibrahim Abouleish seinen Lebens- und Entwicklungsweg, wobei die Gründung der Sekem Initiative 1977, genau zur Hälfte seines Lebens, von prägender Bedeutung ist. Er berichtet davon, wie er als Kind in Ägypten zunächst auf dem Land, später in der Hauptstadt Kairo aufwuchs. Als Sohn eines erfolgreichen Geschäftsmannes genoss er eine gute Bildung und war ein besonders interessiertes Kind. So waren bereits seine Jugendjahre von Begeisterung für Kunst und Kultur, Musik, Theater und Literatur geprägt. Besonders großes Interesse entwickelte er an den Werken Goethes, wodurch schon früh eine Faszination für die europäische Kultur in ihm hervorgerufen wurde und sich sein Wunsch verfestigte, in Europa zu studieren. Entgegen dem Willen der Eltern machte er sich mit 19 Jahren auf den Weg in Richtung des ihm noch unbekannten Kontinents. In einem Brief, den er an seinen Vater richtete, beschreibt er bereits die ersten Ansätze seiner Vision, vergaß dieses Schreiben allerdings völlig, bis sein Vater es ihm viele Jahre später zurückgab, als die Vision sich bereits zu verwirklichen begann. Folgendes hatte er damals geschrieben: „Wenn ich zurückkomme ... werde ich Fabriken aufbauen, worin viele Menschen arbeiten werden. Arbeiten, die anders sind als das, was sie von der Agrikultur gut kennen. Und ich werde Werkstätten für Mädchen und *Frauen* bauen, wo sie Kleider und Teppiche und Haushaltsgegenstände und alles, was die Menschen sonst brauchen, erzeugen können... Ich werde Geschäfte aufbauen, die alles, was die Menschen brauchen, verkaufen..., und ich werde ein Spital errichten, wo alle Spezialisten vertreten sind. In Dorfnähe werde ich ein kleines Viertel errichten, wo die Ärzte und deren Mitarbeiter und die Lehrer wohnen werden. Denn ich habe vor, Schulen zu bauen für Kinder, vom Kindergarten bis zur Oberschule."[8]

In Graz studierte er dann technische Chemie und Pharmakologie und schloss das Studium mit der Promotion ab. Dort lernte er Gudrun Erdinger kennen, sie heirateten 1960 und bekamen zwei Kinder: Helmy (1961) und Mona (1963). Jahre einer erfolgreichen beruflichen Karriere folgten, bis er durch die Pianistin Martha Werth die Anthroposophie kennenlernte, wodurch eine innere Wandlung in Gang gesetzt wurde. Er arbeitete sich intensiv in diese Form der ganzheitlichen Weltanschau-

8 Die Sekem Symphonie, S. 31f.

Ibrahim Abouleish (Mitte) mit den ersten Mitarbeitenden Anfang der 1980er Jahre

ung ein; besonders beschäftigten ihn die anthroposophischen Betrachtungen und spirituellen Darstellungen des Christentums, wodurch für ihn als Muslim der Wunsch entstand, den Koran auf eine ähnliche Art zu betrachten und so zu einem erweiterten Verständnis zu gelangen.

Eine Vision entsteht

1975 unternahm die Familie eine Ägyptenreise, und Ibrahim sah nun sein Heimatland mit neuen Augen. Schockiert nahm er wahr, wie sich die einstige Hochkultur Ägyptens und sein in den 1950er Jahren noch florierendes Heimatland zu einer Nation voller Probleme entwickelt hatte. Die Bevölkerungszahl war stark gewachsen und der Bau des Assuan Staudamms hatte dazu geführt, dass die Agrikultur trotz starkem Einsatz von chemischem Dünger und Pestiziden nicht mehr in der

Lage war, die Bevölkerung zu ernähren. Die Gelder des Staates flossen in die Finanzierung von Kriegen, anstatt zum Beispiel dem Bildungssystem zugute zu kommen.

In den darauffolgenden Jahren reifte in Ibrahim Abouleish ein starkes Bedürfnis, nach Ägypten zurückzukehren. Er wollte die Erfahrungen, die ihn in den vergangenen 20 Jahren in Europa geprägt und vorangebracht hatten, mit den Menschen in seinem Heimatland teilen. Mit dem Blick auf die Herausforderungen Ägyptens, stark beeinflusst von seinen vielfältigen Erfahrungen in Orient und Okzident und inspiriert durch deren geistige Quellen, war eine Vision in ihm herangereift: „Nachhaltige Entwicklung für eine Zukunft, in der jeder Mensch sein individuelles Potenzial entfalten kann; in der die Menschheit in sozialen Formen lebt, welche die Würde des Menschen widerspiegeln; und in der alle wirtschaftlichen Aktivitäten im Einklang mit ökologischen und ethischen Prinzipien stehen."

Ob in Europa oder Ägypten – fast alle Menschen erklärten seine Idee für verrückt. Denn er kehrte Europa und damit seinem sicheren Lebensumfeld den Rücken, um in Ägypten, mitten in der Wüste und ohne jede Sicherheit, wieder von vorne anzufangen.

Heute blüht die Wüste. Auf rund 200 Hektar ehemals unfruchtbarem Land nahe der Stadt Bilbeis, rund 70 Kilometer nordöstlich von Kairo, leben, lernen und arbeiten mittlerweile viele hundert Menschen. Ibrahim Abouleish nutze die biologisch-dynamische Agrikulturmethode, um den Boden zu beleben und nachhaltig fruchtbar zu halten. Die Vision nahm Gestalt an und erhielt in Anlehnung an einen altägyptischen Begriff den Namen *Sekem*. Nach und nach schlossen sich ihm immer mehr Menschen an; zunächst die ägyptischen Bauern und Feldarbeiter, denen er mit Hilfe des Islams den Sinn der biologisch-dynamischen Agrikultur vermittelte. Es wurden Heilkräuter angebaut, um daraus Tees und pflanzliche Arzneimittel herzustellen und es entstanden Firmen, in denen die Felderzeugnisse zu gesunden und qualitativ hochwertigen Lebensmitteln und anderen Produkten veredelt werden. Bald wurde das Treiben auf der neuen Sekem-Farm noch bunter. Die Kinder der Arbeiter:nnen und aus den umliegenden Dörfern besuchten die Schulen und Ausbildungswerkstätten, die Ibrahim Abouleish mit Hilfe seiner Freunde nach und nach gründete. Immer mehr Menschen – aus Ägypten aber auch Europa – schlossen sich dem Projekt an. Und das war ein Segen, denn die Vision brauchte Menschen, um Wirklichkeit zu werden.

Gute Ausbildung, faire Arbeitsbedingungen und Raum für persönliche Entwicklung gehören zum Wirtschaftsmodell Sekems

DIE VISION WIRD WIRKLICHKEIT

Mit den Menschen kam auch das Wachstum, es kamen Erfolge und Misserfolge. Eines von vielen Beispielen dafür ist Sekems Baumwoll-Geschichte. Ende der 1980er Jahre wurden immer mehr Rückstände von Pestiziden in den unter strengen biologisch-dynamischen Richtlinien angebauten Sekem-Kräutern gefunden. Rasch war klar, dass diese von Flugzeugen stammten, die mit Pestiziden über die nahegelegenen Baumwollfelder flogen, um Schädlinge zu bekämpfen. Wir waren zunächst nicht in der Lage, das ägyptische Landwirtschaftsministerium davon zu überzeugen, wie schädlich diese Chemikalien für die Umwelt und die Menschen sind. Die einzige Möglichkeit, dieser Praxis ein Ende zu setzen, lag darin, selber Bio-Baumwolle anzubauen und zu beweisen, dass dies auch ohne den Einsatz von Pestiziden erfolgreich möglich ist. Gemeinsam mit internationalen und nationalen Experten wurde mehrere Jahre lang im Labor und später auf dem Feld geforscht, bis Sekem belegen konnte, dass die ungespritzte Bio-Baumwolle ebenso viel Ertrag brachte wie die konventionelle Baumwolle. Dadurch ließ sich das ägyptische Landwirtschaftsministerium davon überzeugen, das Sprühen von chemischen Pflanzenschutzmitteln aus Flugzeugen komplett zu verbieten, wodurch der jährliche Einsatz von Pestiziden in Ägypten um über 90 Prozent reduziert wurde. Die großen Mengen hochwertiger Bio-Baumwolle, die Sekem in diesem Zusammenhang angebaut hatte, wurden selbst verarbeitet, anstatt sie in eine konventionelle Weiterverarbeitung zu geben, wo wiederum giftige Stoffe (wie Chemie-Farben) zum Einsatz gekommen wären. So kam es zur Gründung der Sekem-Firma *NatureTex* wie auch zur Gründung der ägyptischen Vereinigung für biologisch-dynamischen Landbau, der *Egyptian Bio-Dynamic Association* (EBDA), die bis heute Landwirte im ganzen Land dabei unterstützt, von konventionellem auf biologisch-dynamischen Anbau umzustellen.

Dieser Erfolg war auch ein erstes eindeutiges Zeichen dafür, dass die so utopisch anmutenden Pläne von Ibrahim Abouleish Wirklichkeit werden konnten und in der Praxis funktionierten. In allen Bereichen, in der Wirtschaft ebenso wie in der Kultur, sind die erfolgreichen Entwicklungen Sekems aber auch ein Beispiel dafür, wie wichtig ein Netzwerk ist, der Austausch und die Zusammenarbeit mit Freund:innen und Partner:innen in Ägypten und international. Menschen auf der ganzen Welt unterstützen Sekems Anliegen auf unterschiedlichen Wegen. Viele Aktivitäten werden seit Jahrzehnten mit großem Engagement und in tiefer ideeller Verbundenheit von den Sekem-Vereinen in Europa mitgetragen. Und etliche unserer Geschäftspartner:innen stehen in wahrer Partnerschaft an unserer Seite. Insbesondere während und nach der Revolution in Ägypten im Jahr 2011 zeigte sich, wie tragend diese verlässlichen Wirtschaftspartner sind.

Ausgerechnet im Jahr 2012, während der großen politischen Krise, war es dann auch endlich so weit, und die von Sekem initiierte *Heliopolis Universität für nachhaltige Entwicklung* konnte die ersten drei Fakultäten eröffnen. Ibrahim Abouleish war es immer ein großes Anliegen gewesen, eine Universität zu entwickeln, in der Lehre und angewandte Forschung für die Zukunft der jungen Menschen vereint würden. So schrieb er einmal in einem Rundbrief: „Sekem muss eine kritische Größe erreichen, damit man diese Idee begreift. Dazu gehört die Universität, denn dort können die Menschen forschen lernen, können sich mit der Sekem-Idee auseinandersetzen. Man kann dann wissenschaftlich aufzeigen, dass die biologisch-dynamische Agrikultur den Boden fruchtbar macht."

Dr. Ibrahim Abouleish starb 2017 im Alter von 80 Jahren. Foto: rightlivelihood

Zum Begreifen der Idee, vor allem aber zur Bekanntheit Sekems, trugen zunächst auch die vielen internationalen Ehrungen bei, die Sekem seit der Jahrtausendwende erhielt. Insbesondere die Auszeichnung mit dem alternativen Nobelpreis (Right Livelihood Award) im Jahre 2003 unterstützte die Verbreitung der Sekem-Vision in der Welt.

Das Schicksalsjahr 2017

2017 wurde zu einem Schicksalsjahr für Sekem. Im Frühjahr gab es zunächst zwei große Feste zu feiern: das 40-jährige Bestehen der Sekem-Initiative und der 80. Geburtstag von Ibrahim Abouleish. Zu diesen großen Feierlichkeiten kamen viele Freunde aus der ganzen Welt in die ehemalige Wüste Ägyptens und sprachen dem Gründer ihre Glückwünsche aus, in Bewunderung und Dankbarkeit für sein Lebenswerk, das nicht nur die Wüste zum Blühen gebracht hat, sondern auch das Leben vieler Menschen in den unterschiedlichsten Bereichen prägt. Das Feiern von Festen wurde in Sekem von Anbeginn an gepflegt, um gemeinsam das Erreichte zu würdigen und das Kommende zu erwarten. Alle diese Feste waren schön, aber gerade die zwei im Jahr 2017 waren in fast unbegreiflicher Weise herausragend. Die Festplanung übernimmt jeweils ein Team, das aufgrund der Jubiläen schon besonders gründlich und umfangreich geplant hatte. Diesmal fand sich aber das eine zum anderen, wie von unsichtbarer Hand geführt – es waren im höchsten Sinne würdige Feste.

Wenige Monate später, am 15. Juni 2017, verstarb Ibrahim Abouleish.

Das Jahr 2017 wurde auch deswegen schicksalhaft, weil wir, die Sekem-Gemeinschaft und insbesondere der Sekem-Zukunftsrat, den Tod von Ibrahim Abouleish als Aufruf wahrnahmen, sein Lebenswerk lebendig weiterzuführen. Schon wenige Tage nach seiner Beerdigung haben wir über den weiteren Weg beraten.

Schnell erkannten wir, dass wir eine erweiterte Vision für die nächsten 40 Jahre entwickeln wollten, die mit den ersten 40 gelebten Jahren bereits eine feste Grundlage hatte. Mit dieser Aufgabe im Gepäck beschäftigten wir uns ein Jahr lang, sodass wir zum ersten Todestag von Ibrahim Abouleish im Juni 2018 unsere Zukunftsvision von Ägypten im Jahr 2057 veröffentlichen konnten.

Die Sekem-Zukunftsvision von Ägypten 2057

Sobald der Geist auf ein Ziel gerichtet ist, kommt ihm vieles entgegen.

Johann Wolfgang von Goethe

Mit dem Tod von Ibrahim Abouleish wurde deutlich, dass die Rolle des Gründers und Visionärs nicht zu ersetzen ist, sondern dass seine Vision nur lebendig weiterleben kann, wenn sie von uns, die wir Sekem in die Zukunft führen wollen, gemeinsam weiterentwickelt wird. Dazu braucht es zwar das feste Fundament der Ursprungsvision und ihre geistigen Quellen, aber auch die Fähigkeit, diese den Bedürfnissen der heutigen Zeit und ihrer Menschen anzupassen. Wir ließen uns also von der ursprünglichen Vision inspirieren und warfen wie einst Ibrahim Abouleish einen Blick auf die aktuellen Herausforderungen. Wir versuchten zu sehen, was wir in die Zukunft hineintragen können und was uns aus der Zukunft entgegenkommt. Und wir erkannten, dass es nun unsere Aufgabe ist, das in Sekem schon Erreichte und praktisch Erprobte auf größerer Ebene relevant zu machen. Dabei geht es uns, wie ja schon erwähnt, nicht um weiteres Wachstum im Sinne von mehr und größer, sondern darum, die Substanz unserer Arbeit anhand von konkreten Modellen so breit anwendbar zu machen, dass ein wirklicher gesellschaftlicher Systemwandel stattfinden kann.

So haben wir eine Vision formuliert, die unser Bild von Ägypten nach weiteren 40 Jahren, also 2057 beschreibt. Im ersten Schritt wollen wir die ersten zehn Jahre, also bis 2027, dafür nutzen, die Visionziele für Ägypten innerhalb Sekems bereits vollständig zu realisieren. Denn hier haben wir es selbst in der Hand, alles für die Umsetzung Nötige zu tun.

Unsere 2057er Vision von Ägypten mag für die heutige Ausgangssituation ähnlich absurd klingen wie einst bei der Gründung von Sekem die Vision einer nachhaltigen Initiative in der Wüste. Inzwischen wissen wir aber, dass Visionen dieser Art unglaubliches Potenzial in sich tragen. Und uns ist bewusst, wie existenziell das grundsätzliche Vertrauen ist. Am Anfang steht kein Masterplan, sondern eine Idee, die in die ersten Taten umgesetzt wird, wenn die Umstände in irgendeiner Form gegeben sind. Möge sie scheitern, möge sie sich entfalten – solange das Nötige getan und kritisch begleitet wird, kann sich der weitere Weg finden.

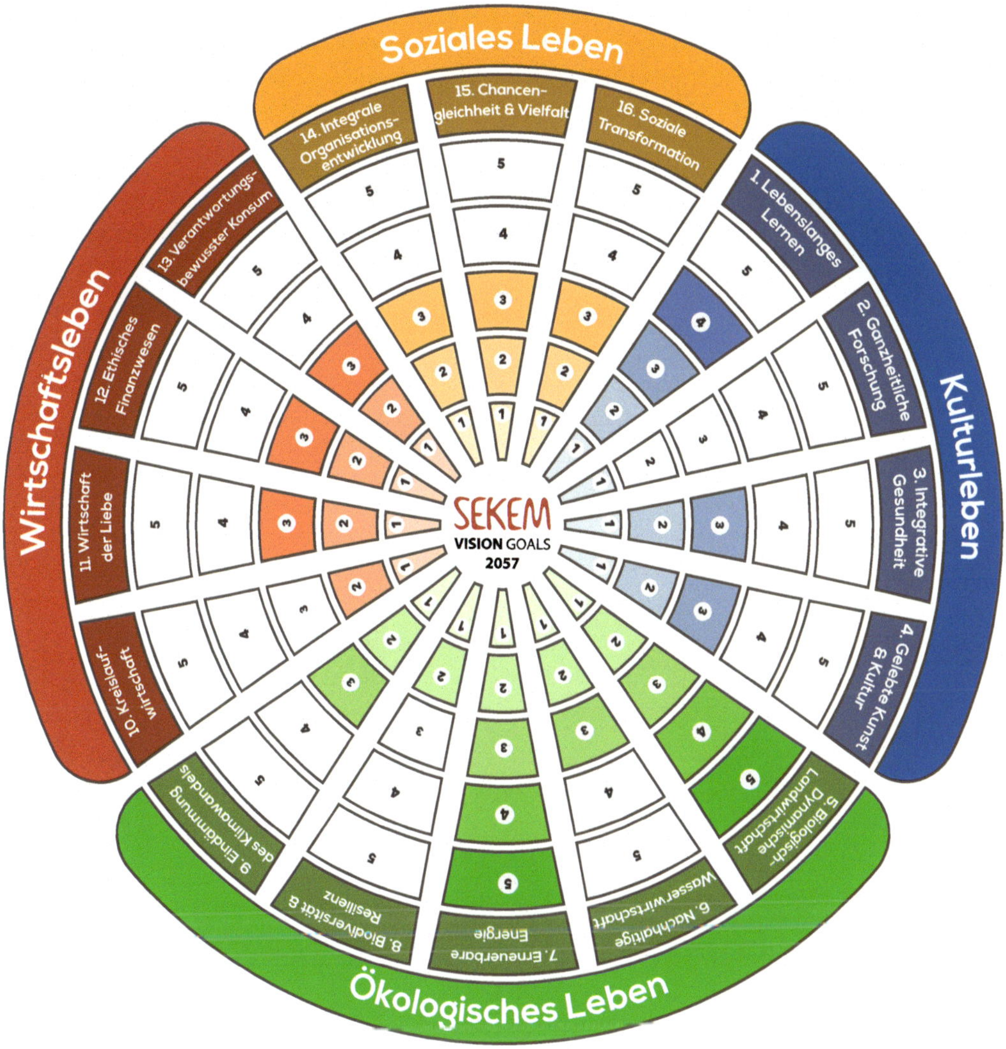

Die Visionsblume gibt eine Übersicht über den Fortschritt der Realisierung aller 16 Visionsziele

Unsere Visionen von Sekem und Ägypten 2057 im Überblick

SEKEM 2057
Sekem ist ein internationales Kompetenzzentrum für ganzheitliche nachhaltige Transformation in Ägypten und der Welt.

Um diese Vision in die Wirklichkeit zu bringen, haben wir in den vier Dimensionen Kultur, Ökologie, Wirtschaft und soziales Leben Visionsziele für Ägypten formuliert. Wir nennen unsere Visionsziele in Englisch *Sekem Vision Goals*, abgekürzt SVGs. Hier eine erste Übersicht. Alle Visionsziele werden im Verlauf des Buches noch ausführlich erläutert.

KULTUR

SVG 1: Individuelle Entwicklung ist das zentrale Anliegen in Ägyptens Bildungssystemen, und die **Potenzialentfaltung** jedes Menschen wird ganzheitlich und lebenslang gefördert!

SVG 2: Es wird ein **ganzheitliches Forschungsmodell** entwickelt, das sowohl naturwissenschaftliche, geisteswissenschaftliche als auch spirituelle Aspekte berücksichtigt.

SVG 3: Ein **integratives Verständnis von Gesundheit und Therapie** ist im ägyptischen Gesundheitssektor etabliert und weit verbreitet.

SVG 4: Regionale, lokale und internationale **Kunst- und Kulturaktivitäten** sind lebendig, sie werden von der ägyptischen Bevölkerung geschätzt und mitgestaltet.

ÖKOLOGIE

SVG 5: Die Bauern Ägyptens arbeiten in der Hauptausrichtung der **Agrikultur** nachhaltig, mit biologisch-dynamischen oder biologischen Methoden.

SVG 6: Ägypten betreibt ein **nachhaltiges Wasser-Management**, das den Wasserverbrauch optimiert, Abwasser wiederverwendet und innovative Wassergewinnungsmethoden nutzt.

SVG 7: Ein **nachhaltiges Energiekonzept** auf Basis von **erneuerbaren Energien** und optimiertem Verbrauch findet in Ägypten Anwendung.

SVG 8: Die **biologische Vielfalt** in Ägypten ist nachhaltig, wächst und entfaltet sich.

SVG 9: Ägypten ist **klimaneutral**, denn es wird kein CO_2 ausgestoßen, das die Natur nicht wiederaufnehmen kann.

WIRTSCHAFT

SVG 10: Die Unternehmen im Land praktizieren **Kreislaufwirtschaft** und Ägypten ist ein Vorzeigemodell für Abfallreduktion und -management.

SVG 11: Die Unternehmen in Ägypten arbeiten auf der Grundlage eines Standards der **Wirtschaft der Liebe,** der transparent ist und die tatsächlichen Kosten berücksichtigt.
SVG 12: Ägypten hat ein **ethisches Bank- und Finanzwesen** eingeführt.
SVG 13: Verantwortungsvoller Konsum und ein **nachhaltiger Lebensstil** sind Mainstream. Es gibt ein breites Angebot an **nachhaltigen Produkten und Dienstleistungen** für alle Kundenbedürfnisse und sozialen Schichten.

SOZIALES LEBEN
SVG 14: In den unterschiedlichen Institutionen gibt es l**ebendige und agile Organisationsstrukturen**, die der Bewusstseinsentwicklung dienen.
SVG 15: Ägypten zelebriert **Vielfalt** und gewährleistet **Chancengleichheit** für alle unabhängig von Alter, Nationalität, Religion oder Geschlecht.
SVG 16: In Ägypten hat eine **gesellschaftliche Transformation** stattgefunden, die zu einer nachhaltigen ländlichen Entwicklung und regenerativen Städten geführt hat. Dies ermöglicht, dass die Menschen sich befähigt und verantwortlich fühlen, die Zukunft ihres Landes zu gestalten.

Um unsere Ziele umzusetzen und zur Realisierung der Vision beizutragen, haben wir in allen Bereichen Visionsgruppen gegründet, die sich auf geistiger Ebene mit dem großen Leitbild hinter den Zielen befassen, Ideen entwickeln und die Vision präzisieren. Zur Umsetzung der Ideen gibt es wiederum in jedem Bereich Center mit Fachleuten und angewandter Forschung, die mit der Realisierung betraut sind und dafür Sorge tragen, dass sich das Leitbild mit den Köpfen, Herzen und Händen der Menschen verbinden kann. In dieser Phase wollen wir herausfinden, wie wir die Vision verwirklichen können. Es werden Modelle und Werkzeuge entwickelt für Prototypen, die es zu testen gilt. Diese Modelle werden so kreiert, dass es möglichst einfach ist, sie weitflächig zu übernehmen, damit sie bald systemrelevant werden können.

Diese fünf Phasen haben wir zur Realisierung der Sekem Visionsziele definiert:

1: Phase der **Visionsfindung** (in Visionsgruppen, Zukunftsrat und individuell)
2: Phase der **Forschung** (in Zentren, Visionsgruppen, mit Partnerorganisationen, Heliopolis Universität und Sekem)
3: Phase der **Prototypenentwicklung** (in Zentren, mit Partnerorganisationen, Heliopolis Universität und Sekem)
4: Phase der **Skalierung** (in den „13 Dörfern", Sekem Wahat Farm)
5: Phase der **Etablierung** (in ganz Ägypten)

Mit einigen Zielen sind wir bereits in der Phase der Etablierung, also so weit fortgeschritten, dass sie einen gesellschaftlichen, ökologischen oder wirtschaftlichen Wandel anstoßen. Das betrifft zum Beispiel die Verbreitung der Bio-Landwirtschaft, Mainstream-Modelle für den Einsatz erneuerbarer Energien oder einen Wandel im Bildungssystem. Andere Ziele sind noch in der Phase der Forschung oder Modellentwicklung.

Die „Visionsblume" visualisiert alle 16 Visionsziele. Je weiter die einzelnen Blütenblätter der Blume farblich gefüllt sind, desto fortgeschrittener ist die Vision auf ihrem Weg zur Wirklichkeit. In den folgenden Ausführungen werden die einzelnen Ziele ausführlich erläutert und Grafiken zeigen, wie weit die Verwirklichung vorangeschritten ist.

Kultur

Inspirationen für Potenzialentfaltung und lebenslanges Lernen

Es hat seit Tagen kein Licht geregnet
Die Brunnen in vielen Augen
Sind von der Dürre gequält.
Deshalb sind Freunde
Nicht leicht zu finden
In dieser Öde.
Wo fast jeder krank geworden ist
Vom eifersüchtigen Betrachten
Des Nichts.
Auf dieser Karawane
Durch glühende Wüstenhitze
Können Karrieren und Städte real erscheinen.
Aber ich sage denen, die mir nahestehen:
„Geht nicht in ihnen verloren,
Es hat dort seit Tagen kein Licht geregnet.
Schaut, fast jeder ist erkrankt
Vom Lieben
Des Nichts.

Shams Ed-din Al-Hafiz (1320-1389)

Kulturelles Leben im Sinne der Sekem-Vision umfasst alle Bereiche, die zur individuellen Entwicklung beitragen – von der Bildung über Kunst und Forschung bis hin zu Themen wie Ästhetik, Gesundheit oder Theologie. In vielen Ansätzen für nachhaltige Entwicklung wird die kulturelle Dimension vernachlässigt oder überhaupt nicht berücksichtigt. In Sekem nimmt sie den gleichen Stellenwert ein wie die Bereiche Ökologie, Wirtschaft und Gesellschaft. Für Ibrahim Abouleish war dies grundlegend, da über den Kulturbereich der Geist, die Emotionalität und die individuelle Entwicklung gefördert werden – und erst so kann sich der Mensch in seiner Ganzheit erfassen und entfalten. Dafür sprechen auch die zwei ersten Investitionen, die er tätigte: er kaufte einen Traktor – und gleich darauf ein Klavier. „Schönheit und Achtsamkeit sollten nicht erst als Zugabe zu wirtschaftlichen Aktivitäten entstehen, sondern von Anfang an die gesamte Arbeit prägen,“[9] schrieb er in der *Sekem Symphonie*.

Für Ibrahim Abouleish war die große Bedeutung der kulturellen Dimension unter anderem in der Überzeugung begründet, dass ohne Selbsterkenntnis und das Einbeziehen einer emotionalen und spirituellen Sphäre soziales Wirken und Entwicklung nicht möglich sind. Dazu muss wiederum der Geist genährt werden, was aber nicht ausschließlich durch Bildung und Wissenschaft geschehen kann. Hier sind zum Beispiel auch das Erleben der Künste oder die Schönheit von Bedeutung. Ibrahim Abouleish hat immer wieder aufs Neue sein Staunen und seine Begeisterung darüber zum Ausdruck gebracht, wie Künstler:innen es schaffen, die ganze Komplexität der Welt in nur wenigen Sätzen, in einem Bild oder einem Musikstück auszudrücken und für den Menschen fühlbar zu machen. Er war überzeugt davon, dass sich die Welt den Menschen über die Künste offenbart. Er selber nahm zum Beispiel mit 75 Jahren wieder den Geigenunterricht auf.

Wir bei Sekem fördern Kunst und Kultur in vielen unterschiedlichen Formen und Bereichen, angefangen von der ästhetischen Gestaltung der Gebäude und Räume, über Kreativ-Kurse, an denen alle Mitglieder der Sekem-Gemeinschaft regelmäßig teilnehmen, bis hin zu kulturellen Veranstaltungen und Festen.

9 Die Sekem Symphonie, S. 130

„Der Erkenntnisprozess ist [...] der Entwicklungsprozess zur Freiheit“[10], sagte Rudolf Steiner. Über diese Freiheit wird es dem Menschen wiederum ermöglicht, seine eigene Individualität, den Sinn seines Lebens und damit seine Rolle in der Welt zu finden. Auch im Koran wird die Bedeutung der Erkenntnisfähigkeit viele Male betont. So heißt es etwa in Sure 94: *Haben wir dir nicht die Brust geweitet, und dich von deiner Last befreit, einer Last, die deinen Rücken beugte? Erhöhten wir nicht deine Erkenntnisfähigkeit? Wahrlich, in dem Schweren liegt das Leichte. Ja, in der Schwere liegt das Leichte. Wenn du dies erkannt hast, dann handle! Und strebe zu deinem Herrn.* Hier geht es ebenfalls um jenen Entwicklungsweg, den auch Steiner ansprach.

Ibrahim Abouleish hat oftmals auf eine Aufgabe hingewiesen, die er für Sekem sah und zu der seine Religion ihn aufrief: den Menschen Erkenntnisprozesse, oder in anderen Worten: Lernprozesse zu ermöglichen. Immer wieder wird im Koran zu lebenslangem Lernen aufgerufen, wie etwa mit den Worten *Mein Herr, vermehre mir mein Wissen.*[11] Diese Aussagen dienen nicht nur den Lehrkräften der Sekem-Schule als Leitspruch für eine Erziehung zur Freiheit, sondern begleiten die ganze Gemeinschaft im alltäglichen Tun.

Der Koran fordert auf, stets nach Weisheit zu streben. *Weisheit ist eine Gottesgabe, die der Gläubige von Gott erbittet. Alle Weisheit ist das verlorene Eigentum des Gläubigen, wo immer er es findet, soll er es aufnehmen,* heißt es in einem Hadith.[12] Hier wird darauf hingewiesen, dass der Erwerb von Wissen nicht auf ein bestimmtes Umfeld, auf gewisse Formate oder Lehrende begrenzt ist, sondern überall und ein Leben lang stattfinden kann. Gleichzeitig bedarf es jedoch des eigenen Bemühens, wie in dem bereits erwähnten Vorbehalt der dreizehnten Sure gesagt ist: *Allah verändert nicht den Zustand der Menschen, bevor sie nicht selbst ihren Zustand verändern.*[13]

Der Mensch ist also dazu aufgerufen sich auf den Weg zu machen, um zu lernen, wie es ein Hadith[14] zum Ausdruck bringt: *Ich hörte den Gesandten Gottes sagen: Wenn einer einen Weg der Wissenssuche geht, so wird Allah ihn einen der Wege im Paradies gehen lassen. Die Engel werden in großer Freude über den Wissenssucher ihre Schwingen senken, die Bewohner des Himmels und der Erde und die Fische in den Tiefen des Wassers werden für den Gelehrten Verzeihung erbitten. Der Wissende steht über den [einfachen] Gläubigen*

10 GA 3, 4. Auflage 1958, S. 88. | 11 Sure 20,114 | 12 at-Tirmidhi 2687, Buch 41, Nr. 43.
13 Sure, 13,11. |14 Abu Dawud 3634, Buch 25, Nr. 64

In Sekems heilpädagogischen Einrichtung können Menschen mit Behinderung ihre Potentiale entfalten

wie der nächtliche Vollmond über den restlichen Sternen. Die Wissenden sind die Erben der Propheten, und die Propheten hinterlassen weder Dinar noch Dirham: sie hinterlassen nur Wissen, und wer es aufnimmt, dem wird Fülle zuteil".

Lebenslanges Lernen ist tief in der Sekem-Vision und im Alltag von Sekem verwurzelt. Es beginnt mit den schulischen Einrichtungen, die wir so gestalten, dass die Kinder zu frei denkenden und handelnden Erwachsenen werden können. Dies stellt nach wie vor eine besondere Herausforderung dar, denn die aktuellen Bildungssysteme vernachlässigen die Förderung wichtiger Fähigkeiten des Herzens und der Hände. Es wird in erster Linie der Kopf, also der Intellekt der Kinder angesprochen. Die Notwendigkeit, nicht nur den Kopf ins Lernen einzubeziehen, sondern auch das Herz, finden wir ebenfalls im Koran: *Und Allah hat euch aus dem Leib eurer Mütter hervorgebracht, während ihr unwissend wart. Und Er hat euch das Gehör gemacht, die Augen und die Herzen, auf dass ihr dankbar seid.*[15]

Wir wollen Bildung also so gestalten, dass das Wesen der Lernenden gefördert wird und sich die kreativen Talente frei entfalten

15 Sure 16,78

können. So folgen die Sekem-Schulen nicht ausschließlich dem staatlichen Curriculum, das in Ägypten hauptsächlich auf das Auswendiglernen von Informationen ausgerichtet ist. Wir integrieren auch künstlerische oder handwerkliche Fächer ebenso wie praxisbezogene Aktivitäten etwa in der Natur. Die Lehrer:innen werden geschult, durch vielfältige Bildungselemente Erlebnisse zu vermitteln, individuelle Erfahrungen mit der Thematik zu ermöglichen und insbesondere Fragen in den Schüler:innen hervorzurufen.

Auch Sure 22,46 gibt über die Wichtigkeit der Herzenskräfte in Bezug auf die Wissens- und Erkenntniserlangung Auskunft: *Sind sie denn nicht auf der Erde umhergegangen, dass ihnen Herzen wachsen, mit denen sie verstehen oder Ohren, mit denen sie hören? Denn die Augen erblinden nicht, aber die Herzen erblinden, die in der Brust sind.*

Mit den ausschließlich intellektuellen Lernkonzepten kann sich der Mensch nur rational in ein Verhältnis zur Welt bringen. Die Folgen sind kühle Verhältnisse, die entsprechend auch das Soziale beeinflussen. Durch die Einbeziehung der verschiedenen Künste wird die Wahrnehmungs- und Empfindungsfähigkeit geschult und geübt. Und durch die Herzenskräfte, die Emotionalität, kann der Mensch sich erst wirklich mit etwas verbinden und ein tieferes Verständnis entwickeln. Aus der vernachlässigten Emotionalität sind sicherlich viele Probleme entstanden, mit denen sich die Welt heute konfrontiert sieht. Denken wir nur an den Klimawandel. Inzwischen haben wohl die meisten Menschen zwar mit ihrem Intellekt begriffen, dass der Klimawandel die größte Gefahr für die Menschheit darstellt. Und auch wenn wir täglich daran erinnert werden, verhalten sich doch die wenigsten entsprechend. Wir haben indessen kein ausreichend tiefes emotionales Verständnis zu der Thematik entwickelt, weil wir die Herausforderung fast ausschließlich abstrakt wissenschaftlich betrachten.

Wir gehen davon aus, dass das Zusammenspiel künstlerischer, emotionaler und wissenschaftlicher Dimensionen eine wichtige Rolle in der zukünftigen Form des Lernens und Forschens spielen.

Die Sekem-Schul-Modelle sind auch von der Waldorfpädagogik inspiriert, der eine Dreigliederung des Menschen in Geist, Seele und Leib zugrunde liegt, und die damit verbundenen Fähigkeiten des Denkens, Fühlens und Wollens. Der von Rudolf Steiner beschriebene biografische Sieben-Jahresrythmus wird bei der Kindesentwicklung und in der Pädagogik berücksichtigt.

Auch im Koran spielt die Zahl sieben eine Rolle, insbesondere wenn es um die sieben Himmel, aber auch sieben Erden geht. In Sure 71,13-15 werden etwa sieben Lagen konkret in Zusammenhang mit Entwicklungsstufen des Menschen angesprochen: *Was ist mit euch, dass ihr Allah nicht in Ehrfurcht anbetet, Wo Er euch doch in Entwicklungsstufen erschaffen hat? Habt ihr nicht gesehen, wie Allah sieben Himmel in Schichten erschaffen hat.* Mit diesem Hintergrund und mit ähnlichen Hinweisen aus dem Koran (Sure 17,44; Sure 65,12; Sure 67,3) berücksichtigen wir die Jahrsiebte bei der Entwicklung der Kinder in der Pädagogik.

Das Streben nach Wissen und lebenslanges Lernen ist in Sekem nicht auf die Schüler:innen und Studierenden der Bildungseinrichtungen beschränkt, sondern schließt alle Gemeinschaftsmitglieder ein und geht an der *Heliopolis Universität für nachhaltige Entwicklung* über in wissenschaftliche Forschung. Bereits in der ersten islamischen Offenbarung fordert Allah den Menschen auf, sich Wissen anzueignen, indem er ihn auffordert zu *lesen*.[16] Neben den zahlreichen weiteren Hinweisen auf die Bedeutung von Wissen wird an etlichen Stellen im Koran auch an den Einsatz der Vernunft der Menschen appelliert, wenn es zum Beispiel heißt: *Denken sie denn nicht darüber nach?*[17] Und es wird ausdrücklich auf die wichtige Bedeutung von lebenslangem Lernen hingewiesen: *Ehrfurcht vor Allah haben ganz gewiss unter seinen Dienern die Gelehrten.*[18]

Ibrahim Abouleish war selber promovierter Wissenschaftler und Forscher und brachte die Eigenschaft mit, alles theoretische Wissen in der Praxis anwenden zu wollen und zu überprüfen. Er war begeistert davon, wie Goethe Wissenschaft und Kunst verband und so war es in Sekem von Beginn an eine Selbstverständlichkeit, dass immer auch die Forschung mit einbezogen wurde – Forschung an Lösungen aktueller Fragen und für zukünftige Herausforderungen der unterschiedlichen Lebensbereiche. Das umfassende Sekem-Gefüge bietet dabei die Möglichkeit, theoretische Forschungsansätze aus der gelebten Praxis anzugehen und sie zu testen.

„Die Universität bildet eine Umwelt, die nicht allein die Persönlichkeit formt, sondern in ihr wird auch der gebildete kultivierte Mensch entwickelt, dem es nicht reicht, dass er gebildet ist, sondern er möchte die Quelle der Bildung sein“, notierte Ibrahim Abouleish einmal. „Ihm genügt nicht, dass er kultiviert ist; er möchte die Kultur entwickeln.“[19]

16 Sure 96, 1-5. | 17 Sure 7,184 | 18 Sure 35,28. | 19 Notizbuch Ibrahim Abouleish

Theater - mit und für Gemeinschaftsmitglieder

In diesem Zusammenhang spielten für Ibrahim Abouleish selber die 99 Namen Allahs, des allumfassenden Geistes, eine bedeutende Rolle. Sie hatten für ihn Vorbildcharakter. Diesen Namen nachzukommen, die alle als Eigenschaften Gottes ein Ideal darstellen, wurde für ihn ein Teil seines eigenen Entwicklungs- und Erkenntnisstrebens. Genauso wie diese Ideale in seinem Leben von großer Wichtigkeit waren, sind sie auch in die Aktivitäten der Sekem-Initiativen tief eingewoben. Einer der Gottesnamen ist „Das Licht". Der 35. Vers der Sure 24 wird auch der „Lichtvers" genannt und gilt bis heute in der Islamwissenschaft als einer der rätselhaftesten Koranverse überhaupt: *Allah ist das Licht der Himmel und der Erde, Sein Licht ist einem Gefäß vergleichbar, in dem eine Lampe ist. Die Lampe ist in einem Glas. Das Glas ist, als wäre es ein funkelnder Stern. Sie ist gespeist von einem gesegneten Baum, einem Ölbaum, weder östlich noch westlich, dessen Öl fast schon leuchtet, auch ohne, dass Feuer es berührt hätte. Licht über Licht! Allah führt denjenigen zu seinem Licht, der will, und Allah führt den Menschen die Gleichnisse an. Und Allah weiß über alle Dinge Bescheid.*

Aufmerksames Publikum bei einer der vielen kulturellen Darbietungen

Die Gleichnisse und Bilder dieses Verses gelten als Wurzeln der islamischen Mystik, und Ibrahim Abouleish hat darin einen deutlichen Zusammenhang zum anthroposophischen Menschenbild gesehen: In dem Vers wird das Licht Allahs beschrieben, das vergleichbar einem Gefäß mit einer Lampe ist; er sah in diesem Gefäß den Hinweis auf den physischen Leib. Die Lampe ist in einem Glas und das Glas erscheint als ein funkelnder Stern. Im funkelnden Licht sah er ein Sinnbild für das Seelische, für die ab- und aufsteigenden seelischen Empfindungen. Die Lampe erhält das göttliche Licht von einem gesegneten Baum, einem Ölbaum, der weder östlich noch westlich – also nicht irdisch – ist. Der gesegnete Baum, der die Lebenskräfte symbolisiert, steht für den Lebensleib. Das individuelle Ich ist das innere Licht, welches dem Öl gleicht, das fast schon leuchtet, ohne vom Feuer berührt zu werden. So hat Ibrahim Abouleish in diesem Lichtvers ein Bild des Menschen erkannt, in dem der Besitz einer Erkenntniskraft (das innere Licht) hervorgehoben wird. Wir in Sekem verstehen diesen Aufruf zum Einsatz der Erkenntniskraft, als Aufforderung, uns selbst zu erkennen.

Ibrahim Abouleish war es ein wichtiges Anliegen, der Schönheit in Sekem einen Raum zu geben. Er war der Überzeugung, dass sich in der Schönheit das Emotionale und das Spirituelle offenbaren können und dadurch eine Grundlage für Entwicklung geschaffen wird. So wie Friedrich Schiller es in seinem Gedicht *Die Künstler sagte: Nur durch das Morgentor des Schönen dringst du in der Erkenntnis Land.*

Über den Weg der Schönheit und der Kunst kann ein Weg zum Göttlichen gefunden werden. In der islamischen Architektur und Kalligraphie finden wir zahlreiche Hinweise darauf, etwa in einem Hadith: *Gott ist schön und liebt alles Schöne.*[20] Die Kalligraphie beispielsweise ist eine Kunstform, die versucht, sprachliche Schönheit, den Klang der Worte Gottes, sichtbar zu machen. Der Koran selber ist durch seinen poetisch anmutenden Text und die Möglichkeit der Rezitation ein Kunstwerk. In Sure 39,23 wird darauf hingewiesen: *Allah hat die schönste Kunde herabgesenkt, ein Buch mit gleichartigen, sich wiederholenden Versen, von dem die Haut derer, die ihren Herrn Fürchten, erschauert. Dann werden ihre Haut und ihre Herzen weich und neigen sich dem Gedenken Allahs zu.*

In dieser Sure kommen auch die unterschiedlichen Qualitäten von Schönheit zum Ausdruck. *Die schönste Kunde*, also eine schöne, gute Bedeutung oder Inhalt von etwas; *mit gleichartigen, sich wiederholenden Versen*, also etwas Ausgeglichenes, Ausbalanciertes, und etwas, das *ihre Herzen erweicht.* Hier sind drei Arten von Schönheit genannt, die wir gezielt in das alltägliche Tun einbeziehen: die gute Tat (Liebe) für die Menschen; das Schaffen einer Balance oder eines Gleichgewichts (etwa in der Natur); und Kunst und Kultur, die das Herz berühren, also über das Materielle und den Intellekt hinausgehen. Eine der vielen unterschiedlichen Beschreibungen Sekems, die Ibrahim Abouleish formuliert hat, lautete daher wie folgt: „Ich sehe Sekem wie ein schönes Gemälde und die Farm wie den passenden Rahmen dafür. Dieses Gemälde wird belebt durch die verschiedenen Farbnuancen, die unsere Sekem-Mitarbeiter einbringen. (…) Durch unser künstlerisches Tätigsein entsteht ein schöner Garten.“[21] Und er erklärte: „Erst die Kraft der Kunst ist es, die Hoffnung und Mut vermittelt und durch Schönheit menschenbildend wirkt. (…) Kunst bedeutet auch Sinnesschulung, durch die sich Menschen bilden und ihre Sinne offener machen.“[22]

20 Riyāḍ aṣ-Ṣāliḥīn, Nr. 611 | 21 Sekem Symphonie S. 187 | 22 Sekem Symphonie, S. 182

Eines von vielen Beispielen, wie wir dies in der Praxis umsetzen, ist die Bewegungskunst der Eurythmie.[23] Diese Kunstform ist in den Schulen und an der Heliopolis Universität fester Bestandteil des Lehrplans, ebenso wie bei der Mitarbeitenden-Fortbildung. Außerdem gibt es regelmäßig öffentliche Eurythmie-Aufführungen. Ibrahim Abouleish hat Formen und Bewegungen der Eurythmie bereits auf den Reliefs im alten Ägypten identifiziert und nicht zuletzt aus diesem Grund als wichtiges Kunst- und Ästhetik-Element für Sekem definiert. Die Eurythmie kann auch mit dem Koran in Verbindung gebracht werden, und zwar über die sogenannten „geheimnisvollen Buchstaben". 29 Koran-Suren beginnen mit der Nennung eines oder mehrerer unverbundener Buchstaben. Über die Bedeutung dieser Buchstaben ist man sich bis heute in der Islamwissenschaft nicht einig. Wir haben diese Buchstaben und Sequenzen mit Hilfe der Eurythmie näher betrachtet. Denn die eurythmische Gebärde der Buchstaben kann zu einem tieferen Verständnis des Wesens eines Buchstabens und seiner Aussagekraft führen und somit auch Aufschluss über die Verbindung zum Inhalt der Sure geben. Die genannten Buchstaben können wie ein Vortakt betrachtet werden, in dem die Essenz der ganzen Sure, wie in einem Konzentrat komprimiert, enthalten ist. Als Beispiel sei Sure 68 *Al-Qalam* angeführt. Diese Sure beginnt mit dem Buchstaben „Nun" (N) und spricht von dem Erkenntnisvorgang und dem Niederschreiben eines geistigen Inhalts. Die eurythmische Bewegung des „N" ist die Hinwendung zu einem Gegenstand, das Berühren dieses Gegenstandes und das sich wieder davon Lösen und Zurückziehen. Wir können diesen Bewegungsvorgang auch bei jedem Schritt, den wir gehen, erfahren. Wir lösen den Fuß von der Erde und setze ihn erneut auf die Erde. Somit schreiten wir fortwährend in unser Schicksal hinein. Die N-Gebärde zeigt außerdem das Bild des Geborenwerdens auf der Erde und des Sich- wieder-Verabschiedens von der Erde. Ein sich ständig wiederholender Kreislauf von In-Erscheinung-treten und wieder Vergeistigen. Diese Eigenschaften können wir im „Nun" erkennen, wenn wir es über die Eurythmie interpretieren. Hierin spiegelt sich auch das Geschehen in der Sure wider; einen geistigen Prozess verdichten, niederschreiben und sich davon wieder lösen. Das ist Ausdruck und Bedingung für einen Erkenntnisprozess – wir müssen uns mit einer Sache verbinden und dann auch wieder davon distanzieren,

23 Eine anthroposophische Bewegungskunst zu Musik und Sprache

um zu einer Erkenntnis zu kommen. Das „Nun" kann somit als ein Erkenntnislaut interpretiert werden.

Auch Hygiene, Gesundheit und Heilwesen werden im Koran vielfach als wichtige Aspekte für das Wohlbefinden und die Entwicklung angesprochen. So gibt es die allgemeine Verpflichtung zur Hygiene und Sauberkeit etwa mit konkreten Angaben zur regelmäßigen Waschung. Vor jedem der fünf Gebete am Tag sollen sich die Gläubigen umfangreich mit reinem Wasser waschen: *O ihr, die ihr glaubt, wenn ihr euch zum Gebet hinstellt, so wascht vorher euer Gesicht und eure Hände bis zu den Ellbogen und streicht euch über den Kopf, und wascht eure Füße bis zu den Knöcheln. Und wenn ihr sexuell verunreinigt seid, dann reinigt euch. Und wenn ihr krank oder auf Reisen seid, oder wenn einer von euch vom Abort kommt, oder wenn ihr die Frauen berührt habt und ihr kein Wasser findet, dann sucht einen sauberen Boden und streicht euch davon über das Gesicht und Hände. Allah will euch keine Bedrängnis auferlegen, sondern Er will euch rein machen und seine Gnade an euch vollenden, auf dass ihr dankbar seid.*[24]

Diese hygienischen Hinweise sind wichtig zur Vorbeugung von Krankheiten. Gesundheit wird aber vor allem auch als ein ganzheitliches Konzept thematisiert. Der Koran selber wird als Mittel zur Heilung und Förderung von Gesundheit beschrieben: *Hernieder senden wir vom Koran was Heilung ist und Gnade für die Gläubigen.*[25] Wir sehen darin Hinweise, dass Gesundheit nicht ausschließlich durch die Abwesenheit von Krankheit definiert werden kann und dass mehr als nur körperliche Kriterien zum Erhalt von Gesundheit beitragen. Zum Beispiel die guten Botschaften des Koran: Frieden, Sinnhaftigkeit und ein gerechtes soziales Umfeld. Ein Indiz dafür ist auch der arabische Ausdruck zur Genesung. Wenn Muslime sich gute Besserung wünschen, wünschen sie sich Frieden (*salamtak* oder *alf salama*).

Ibrahim Abouleish befasste sich mit dem Thema Gesundheit als Moslem, Pharmazeut und Chemiker. Er wusste, dass der Mensch dem Koran zufolge in idealer Gestalt erschaffen wurde.[26] So verstand er Gesundheit im Sinne des Islam als hohe anvertraute Gottesgabe, die bewahrt und gepflegt werden soll. Ganzheitlichkeit und Nachhaltigkeit bei der Erhaltung der Gesundheit ebenso wie bei der Behandlung von Krankheiten ergeben sich also dann, wenn der Körper des Menschen nicht als automatisiertes System, sondern als ein gött-

24 Sure 5,6 | 25 Sure 17,82 | 26 Sure 95,4

Studierende der Heliopolis Universität für nachhaltige Entwicklung

liches Wunder aus Leib, Seele und Geist erkannt und behandelt wird, das zudem begabt mit Denken, Fühlen und Wollen ist. So wie es auch Rudolf Steiner betrachtete: *Der Mensch ist, was er ist, durch Leib, Ätherleib (Lebenskraft), Seele und Ich. Er muss als Gesunder aus diesen Gliedern heraus angeschaut, er muss als Kranker in dem gestörten Gleichgewicht dieser Glieder wahrgenommen, es müssen zu seiner Gesundheit Heilmittel gefunden werden, die das gestörte Gleichgewicht wiederherstellen.*[27]

Nicht zuletzt auf diesen Grundlagen haben wir uns in Sekem vorgenommen, den Fokus stärker auf den Erhalt einer ganzheitlich verstandenen Gesundheit zu richten, damit Krankheiten überhaupt erst weniger entstehen und sich ausbreiten können.

27 Rudolf Steiner, GA 27, S. 18f

Das Amphietheater auf der Sekem-Farm ist ein beliebter Schauplatz für unzählige Kultur-Veranstaltungen und Feste

40 Jahre Kultur in der Wüste

Mitten auf der Sekem-Mutterfarm, aus sandfarbenem Lehm an die Formen der Umgebung angepasst, befindet sich ein großes Amphitheater. Zwischen den Feldern und Firmen gelegen, versammeln sich hier mindestens zweimal im Jahr Bäuer:innen, Mitarbeitende, Schüler:innen, Studierende und Freunde aus der ganzen Welt. Auf der Bühne wird ein kulturelles Programm dargeboten, das die Mitglieder der Sekem-Gemeinschaft selber gestalten. So stellen etwa Mitarbeitende ihren Arbeitsalltag anhand eines Sketches dar, Schulkinder singen oder das Schulorchester gibt Musikstücke zum Besten. Kulturelle Aktivitäten sind in allen Sekem-Einrichtungen zum selbstverständlichen Bestandteil geworden.

Wir haben vielfältige Bildungseinrichtungen gründen und etablieren können: Babygruppe und Kindergarten, eine allgemeinbildende Schule, ein Berufsbildungszentrum und eine heilpädagogische Einrichtung. Auch eine medizinische Tagesklinik für die Bevölkerung der umliegenden Dörfer ist unter dem Dach der Sekem-Initiative beheimatet. In diesen Einrichtungen haben die Menschen die Möglichkeit, sich gesund und frei zu entwickeln und ihre Potenziale zu entfalten. Dabei wird immer auf ganzheitliche Methoden Wert gelegt wird.

Dieser Ansatz wird im sogenannten Core Program in der Erwachsenenbildung fortgesetzt. Dieses Programm ist ein fester Bestandteil für alle Beschäftigten in den Sekem angehörigen Institutionen und beinhaltet unterschiedlichste künstlerische und kulturelle Aktivitäten ebenso wie den regelmäßigen geistigen Austausch zu gesellschaftlich relevanten Themengebieten, gemeinsame Sport-Aktivitäten oder fachliche Fortbildungen. Das Core Program ist außerdem ein obligatorischer Teil aller Studienfächern an der Heliopolis Universität. Studierende können ihr Studium nicht abschließen, wenn sie nicht auch die vorgesehenen Seminare dieses Programms erfolgreich durchlaufen haben. Neben Kunst sind auch Themenbereiche wie Soziologie, Philosophie, Ägyptologie oder Ökologie Bestandteil des Programms. So soll sich der Blick für größere Zusammenhänge öffnen, der Sinn für soziale Verantwortung geweckt, und das Bestreben gefördert werden, die Gesellschaft mitzugestalten.

Die Heliopolis Universität für nachhaltige Entwicklung ist seit 2012 stetig gewachsen und arbeitet mittlerweile in fünf Fakultäten: Wirtschaft, Ingenieurwesen, Pharmazie, Bio-Landwirtschaft und Physiotherapie. Die Universität will junge Menschen aller sozialen Schichten zu kreativen und innovativen Führungspersönlichkeiten ausbilden, sie dazu befähigen, gegenwärtige und zukünftige Herausforderungen zu erkennen, um ganzheitlich auf sie eingehen zu können. 2021 hat das Bildungsministerium die Erlaubnis für einen weiteren Campus der Heliopolis Universität mit acht zusätzlichen Fakultäten erteilt. Diese werden wir nahe der Sekem-Mutterfarm, also im ländlichen Kontext eröffnen, sodass auch junge Menschen, die nicht aus der Metropolregion Kairo kommen, von diesem alternativen Hochschul-Ansatz profitieren können und gleichzeitig die Verbindung von Stadt und Land gefördert wird. Mit dem neuen Campus kann die ganzheitliche Vision der Heliopolis Universität von Forschung und Lehre realisiert werden. Die zukünftig 13 Fakultäten umfassen dann auch Geistes- und Sozialwissenschaften sowie einen Kunst-Studiengang.

Herausforderungen und Chancen

Ägyptens Kulturleben, das Bildungssystem und die Gesundheitsversorgung des Landes haben sich im Laufe der zweiten Hälfte des vergangenen Jahrhunderts stetig verschlechtert. Gründe dafür sind das rasante Bevölkerungswachstum, politische Restriktionen und fehlendes Bewusstsein für die Bedeutung eines lebendigen Kulturlebens für die fortschrittliche Entwicklung eines Landes.

Staatliche Schulen sind zwar in Ägypten kostenlos, aber die Qualität der Bildung ist so schlecht, dass jede Familie, für die es finanziell nur irgend möglich ist, ihre Kinder an einer Privatschule anmeldet. Die Klassen der öffentlichen Schulen sind überfüllt. Nicht selten unterrichtet ein Lehrer bis zu 70 Schüler:innen gleichzeitig. Das Lehrpersonal ist unterbezahlt und somit meist gezwungen, einen zweiten Job als Nachhilfelehrer:in auszuüben. Zusätzlich sind die Schulen und deren Umgebung oft in einem desolaten Zustand. Einrichtungen sind alt und kaputt, Hygienestandards fehlen. Die Lehrpläne zielen auf monotones Auswendiglernen ab. Das ägyptische Schulsystem wurde im internationalen Vergleich wiederholt als eines der schlechtesten bewertet. Der Staat bemüht sich fortwährend, die Situation zu verbessern, aber aufgrund der enormen Herausforderungen bisher mit wenig Erfolg. Der Prozentsatz von Analphabetismus unter den Frauen und Männern über 15 Jahren wird auf über 27 Prozent geschätzt. Ägypten hat allerdings eine große junge Bevölkerungsdichte (Durchschnittsalter 2020: 24 Jahre), in die viel Hoffnung gesetzt wird.

Universitäten gibt es viele, aber nur wenige haben Lehrmodelle, die Studierende auf die Herausforderungen der Zukunft vorbereiten. Die Wahl des Studienfaches der jungen Menschen richtet sich mehr nach Prestige als nach individuellem Interesse, Talent oder Sinnhaftigkeit.

Ausbildungsberufe wie Handwerk oder Bauerntum genießen wenig Ansehen. Es fehlt an einem dualen System, an Fachpersonal und guten Werkzeugen sowie Maschinen.

Ähnlich wie das Bildungssystem ist auch Ägyptens Gesundheitssystem in keinem guten Zustand. Es gibt wenig finanzielle Mittel

Mehr als nur intellektuelle Fähigkeiten fördern: musisches Lernen in der Schule

und entsprechend schlecht ist die Qualität von Einrichtungen, Geräten und Medikamenten. Gut ausgebildetes Fachpersonal wandert aus. Eine staatliche Grundkrankenversicherung ist zwar für alle garantiert, sie umfasst aber nur wenige Leistungen.

Prinzipiell wird sehr symptomorientiert und mit starken Medikationen gearbeitet. Antibiotika etwa gehören oft schon zum Standardprogramm und sind in den Apotheken frei erhältlich. Die Schwächen dieses Behandlungsansatzes, der verbreitete Bewegungsmangel und das Fehlen einer ausgewogenen Ernährung werden in Ägypten durch ein hohes Aufkommen an chronischen Erkrankungen sichtbar. Diabetes, Übergewicht und Bluthochdruck sind weitverbreitete Leiden.

Bis in die 1950er-Jahre hatte Ägypten noch ein reiches Kulturleben, war mit Größen wie der legendären Sängerin Umm Kulthum oder mit seiner führenden Filmindustrie im gesamten arabischsprachigen Raum als Kunst- und Kulturmetropole bekannt. Ibrahim Abouleish berichtete gerne davon, wie in seiner Kindheit und Jugend das ganze Land vor den Radios saß, wenn Umm Kulthum sang. Egal ob Arm oder Reich und unabhängig vom Bildungsgrad, die Menschen liebten die Musik der damaligen Zeit. Heute ist das Opernhaus der Metropole Kairo mit über 20 Millionen Einwohner:innen nur noch selten ausverkauft und Veranstaltungsorte für den vielseitigen Kulturschatz des Landes weichen häufig Vergnügungsparks oder Lokalitäten mit digitalem Unterhaltungsprogramm. In unserem Nachbarort Belbeis beispielsweise, der über 400.000 Einwohner:innen hat, gibt es einen einzigen Veranstaltungsort, der zudem noch höchst selten genutzt wird.

Auch dem ägyptischen (und ersten sowie bisher einzigen arabischsprachigen) Literaturnobelpreisträger Nagib Mahfuz, der im Jahr 1988 ausgezeichnet wurde, folgten kaum renommierte Namen. Die Zahl der in Ägypten jährlich veröffentlichten Bücher wird im internationalen Vergleich als sehr gering eingeschätzt. Die überwiegende Zahl der Ägypter:innen verbringt ihre Freizeit vor dem Fernseher oder im Internet mit übersetzten Programmen aus der westlichen Welt, die fernab ihrer eigenen Lebensrealität spielen.

Ägypten weist zwar verhältnismäßig viele Forscher:innen und Studienabgänger:innen auf. Die Zahlen der Publikationen ist jedoch gering und wenige der erforschten Innovationen finden im täglichen Leben Anwendung. Die Forschung ist festgefahren und integriert kaum neue Ideen und Ansätze. Erschwerend kommt hinzu, dass Religiosität und Spiritualität im Leben der meisten Menschen zwar einen hohen Stellenwert haben, mit den Naturwissenschaften aber für sie schwer in Einklang zu bringen sind. Als Privatperson ist man tief gläubig, aber im Labor sind nicht-materialistische Perspektiven ausgeschlossen; es werden keine Kriterien außer den rein naturwissenschaftlichen berücksichtigt.

Wir sind überzeugt: Ohne kulturelles Leben gibt es keine Chance für zukunftsfähige Entwicklung. Ägypten braucht dringend ein besseres Bildungssystem, moderne Forschung und ein größeres kulturelles Angebot.

Lebenslanges Lernen: Kreative Tätigkeiten gehören auch bei den Erwachsenen zur Ausbildung

VISION (SVG 1):

LEBENSLANGES LERNEN

Ägypten 2057: Individuelle Entwicklung ist das zentrale Anliegen in Ägyptens Bildungssystemen, und die Potenzialentfaltung jedes Menschen wird ganzheitlich und lebenslang gefördert!

Bei der Realisierung dieses Ziels befinden wir uns aktuell in einer intensiven Phase der Modellentwicklung und haben bereits erste Schritte zur Verbreitung unternommen, um in Ägypten auch gesamtgesellschaftliche Relevanz zu erreichen.

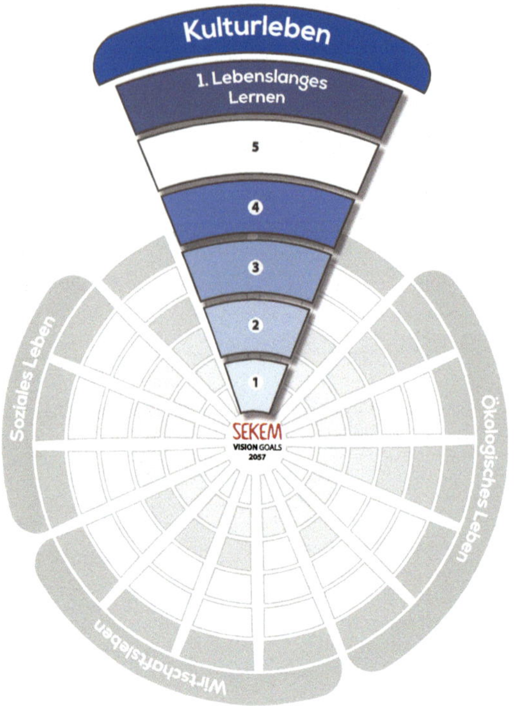

18 laufende Projekte & Aktivitäten, darunter:

- Gemeinschaftsbasierte Lernprogramme für Studenten
- Erwachsenenbildung für nachhaltige Entwicklung

Unser Visionskreis für die Gestaltung des kulturellen Lebens beschäftigt sich intensiv mit der Frage, wie Menschen darin unterstützt werden können, ihr individuelles Potential zu entfalten anstelle sie nur „auszubilden". Die Erkenntnisse aus dieser geistigen Arbeit treffen an unserem Kompetenzzentrum für Bildung für nachhaltige Entwicklung auf die Praxis. Hier entwickeln Wissenschaftler aus verschiedensten Bereichen alternative und innovative Konzepte, die in Bildungseinrichtungen, im Arbeitskontext oder alltäglichen Leben Bedingungen schaffen, in denen Menschen ihre individuellen Fähigkeiten entwickeln können. Viele Lehrer:innen der Sekem-Schulen haben in den letzten Jahrzehnten umfangreich in der Lebenswirklichkeit erprobt, was es heißt, Räume für Potentialentfaltung zu gestalten. Sie können jetzt neue Kolleg:innen begleiten und schöpfen aus einem umfangreichen Erfahrungsschatz, um Curricula zu entwickeln. Ein wichtiger Aspekt dabei ist beispielsweise die ausgewogene Förderung von Wissen, Kunst und Handwerk – der Kopf, die Gefühlsebene und das praktische Tun sollen gleichermaßen angesprochen werden. Die Lehrpläne wollen wir weitläufig zur Verfügung stellen und so gestalten, dass sie

Inspiration:
Lernen von der Gemeinschaft

Lebenslanges und ganzheitliches Lernen ist nur möglich, wenn wir uns mit der Realität verbinden und diese ganz konkret erleben können – wenn wir in der Lage sind, uns auch mit dem Herzen zu verbinden. Im Rahmen unseres *Community Based Learning*-Moduls verbringen alle Schüler:nnen und Student:innen einen Zeitraum von mehreren Tagen auf unserer Wüsten-Farm in Wahat El-Bahareyya und in einem der 13 Dörfer, die rund um die Sekem-Mutterfarm gelegen sind. Sie leben dort den Alltag mit und leisten eine Art Sozialdienst. Zum Beispiel richten sie Systeme für Mülltrennung und Recyceling ein, organisieren Kulturveranstaltungen, pflanzen Bäume oder erleben hautnah mit, was es heißt, Lebensmittel zu produzieren. Dadurch soll das Lernen aus den Hörsälen und Klassenräumen in die Realität gebracht und lebenspraktischer werden. Die meisten der jungen Leute kehren voller Inspirationen und mit Begeisterung erfüllt zurück.

auch an allen staatlichen sowie privaten Schulen landesweit Anwendung finden können. Bei diesem Ziel befinden wir uns bereits in der Phase der Verbreitung. Die Einführung eines von den Sekem-Schulen inspirierten Curriculums hat bereits an mehreren Schulen in der Umgebung begonnen. Ein weiterer Schritt in diese Richtung ist mit den sogenannten ESD-Kits (Anleitungs- und Lehrbücher zum Thema nachhaltige Entwicklung) unternommen, die Sekem mit einigen anderen Institutionen als umfangreiche Schulmaterialien veröffentlicht hat und die nun allen Schulen im Land zur Verfügung stehen.

Auch im Bereich der Berufsbildung legen wir Wert darauf, dass die Lehrpläne anderen Einrichtungen im Land dienen. So haben wir ein Curriculum für die biologisch-dynamische Landwirtschaft akkreditiert, das in ganz Ägypten zugelassen ist.

In der Lebenswirklichkeit von akademischen Mitarbeiter:innen liegt der Fokus in der momentanen Realität eher selten auf der Unterstützung von Potenzialentfaltung. Hier bieten wir Weiterbildungsprogramme für Hochschuldozent:innen an, in denen die Notwendigkeit einer ganzheitlichen Pädagogik und die Umsetzung in den universitären Kontext vermittelt wird. Professor:innen und Hochschuldozent:innen können bei uns ihr obligatorisches dreijähriges pädagogisches Diplom absolvieren. Ein von uns erprobtes Modul ist die sogenannte „Pädagogische Konferenz", die wöchentlich für das Lehrpersonal der *Heliopolis Universität* abgehalten wird. Hier werden gesellschaftlich relevante Themen ebenso wie kulturelle Aspekte im Zusammenhang mit pädagogischen Ansätzen diskutiert.

Zur Förderung der individuellen Entwicklung der Studierenden an der *Heliopolis Universität* ist das für Sekem charakteristische *Core Program* obligatorischer Teil aller Studiengänge. Dieses wollen wir so gestalten und verfügbar machen, dass es auch an anderen Hochschulen im Land eingeführt werden kann.

Ebenso wollen wir Erfahrungen aus dem *Core Program* für unsere Mitarbeitenden dazu nutzen, Programme zu entwerfen, die sich nach den unterschiedlichen Bedürfnissen des jeweiligen Kontextes richten, in dem sie zum Einsatz kommen. So gestalten sich die Aktivitäten des *Core Program* unter Landwirt:innen anders als für Handelsvertreter:innen oder Kreative. Ziel ist es, Core Program-Modelle in unterschiedlichen Zusammenhängen in Organisationen, Firmen oder anderen Einrichtungen im Land einzusetzen – in Ämtern ebenso wie in der Industrie oder in der Privatwirtschaft.

Die Heliopolis Universität forscht unter anderem in den Bereichen erneuerbare Energien, Wasser, Bodenfruchtbarkeit oder Lebensmittelvitalität

VISION (SVG 2): FORSCHUNG

Ägypten 2057: Es wird ein ganzheitliches Forschungsmodell entwickelt, das sowohl naturwissenschaftliche, geisteswissenschaftliche als auch spirituelle Aspekte berücksichtigt.

Die Forschung wird momentan stark von Erkenntnissen aus den empirischen Naturwissenschaften geprägt. Für uns ist klar, dass geisteswissenschaftliche Perspektiven und die Verbindung zum Menschen ebenso relevant sind. Wir wollen uns daher mit Geisteswissenschaftler:innen in der Welt verbinden und uns intensiver mit den Ansätzen ganzheitlicher Forschungsmethoden beschäftigen, sodass wir diese selber anwenden und voranbringen können.

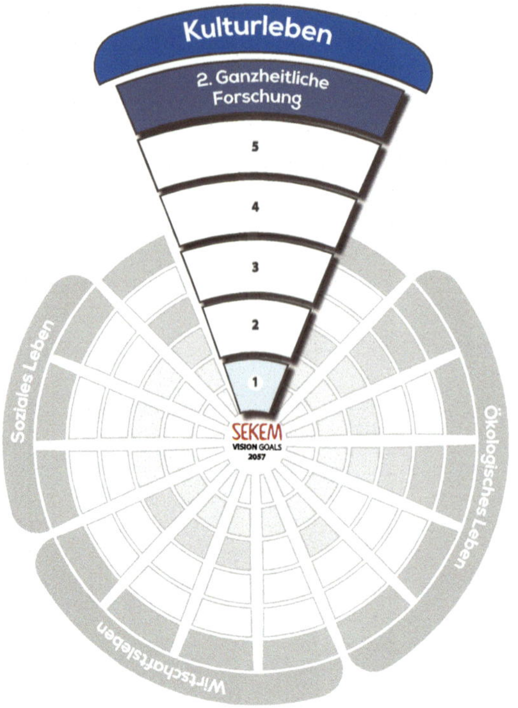

4 laufende Projekte & Aktivitäten, darunter:

- Labor für Biokristallisation (in Planung)

Unsere angewandte Forschung zu pflanzlichen Arzneimitteln oder biologischem Saatgut soll in Zukunft immer ganzheitlicher ausgerichtet werden. Wir haben beispielsweise damit begonnen, uns mit der Sichtbarmachung der Vitalität von Lebensmitteln zu beschäftigen (siehe Kasten Inspiration: Vitalität sichtbar machen). Diesen Ansatz wollen wir auf weitere Bereiche ausweiten.

Wir betreiben zudem seit einigen Jahren eine Versuchsreihe, welche den konventionellen, den biologischen und den biologisch-dynamischen Anbau von jeweils drei Nutzpflanzen pro Saison und Fruchtfolge vergleicht. Mit diesem Versuch hoffen wir Landwirt:innen und Verbraucher:innen demonstrieren zu können, dass die ökologische und biologisch-dynamische Agrikultur einen positiven und nachhaltigen Einfluss auf den Boden, die Artenvielfalt, den Ertrag und auch die Menschen hat. Außerdem forschen wir zu Methoden der CO_2-Bindung, Wasserverbrauch und erneuerbaren Energien.

Wir glauben, dass ein ganzheitlicher Forschungsblick einen wichtigen Beitrag zur Bewusstseinsbildung der Menschen leistet und damit einen Wandel hin zu einer nachhaltigen Zukunft prägen und unterstützen wird.

INSPIRATION:
VITALITÄT SICHTBAR MACHEN

Unterschiede zwischen biologischen und konventionellen Lebensmitteln konnten verschiedentlich wissenschaftlich belegt werden. Dabei werden jedoch ausschließlich naturwissenschaftliche Kriterien berücksichtigt. Die Forschung mit sogenannten bildschaffenden Methoden hingegen kann die innere Struktur von Pflanzen darstellen und damit weitaus mehr Auskunft geben, etwa über die Vitalität eines Organismus. Mit Hilfe der Biokristallisation über Kupferchlorid wird die innere Struktur von Lebensmitteln sichtbar gemacht. Dabei zeigen sich deutliche Unterschiede zwischen konventionell, biologisch und biologisch-dynamisch hergestellten Produkten. Während die Strukturen der konventionellen Nutzpflanzen wirre, unklare Muster zeigen, haben biologische und biologisch-dynamisch angebaute Pflanzen deutlich erkennbare Strukturen – es zeigen sich sogar kunstvoll ästhetisch wirkende Formen.

Das Sekem Medical Center bietet medizinische Grundversorgung für alle Mitarbeitenden und die Menschen der umliegenden Dörfer

Vision (SVG 3): Gesundheit

Ägypten 2057: Ein integratives Verständnis von Gesundheit und Therapie ist im ägyptischen Gesundheitssektor etabliert und weit verbreitet.

Das Sekem-Medical Center stellt eine beliebte Alternative zu den durchschnittlichen Kliniken und Arztpraxen in Ägypten dar. Ein Grund dafür sind die qualifizierten Ärzt:innen aus verschiedenen Fachgebieten, die sich Zeit für die Patient:innen nehmen und versuchen auf natürliche Medikation und ganzheitliche Behandlungsansätze zurückzugreifen. Aber auch das saubere und ästhetische Umfeld oder der Zugang für Menschen mit geringen finanziellen Möglichkeiten tragen zur Beliebtheit der Einrichtung bei. Das Medical Center hat aber noch keinen Modellcharakter, um integrative Gesundheit zu fördern. Um diesem Ziel näher zu kommen, gründet sich eine Visionsgruppe, die zunächst eine Definition von integrativer Gesundheit erarbeitet. Eine Sinnhaftigkeit im Leben zu haben, von Schönheit und Ästhetik umgeben zu sein oder sich einem sozialen Umfeld verbunden zu fühlen, sind für ein ganzheitliches Verständnis von Gesundheit ebenso von Bedeutung wie regelmäßige Bewegung, vollwertige Ernährung oder Möglichkeiten, der Kreativität Ausdruck zu verleihen.

Wir wollen Gesundheit nicht als theoretisches Spezialgebiet behandeln, sondern als ein alle Lebensbereiche durchdringendes Gut des Menschen. So thematisieren wir die unterschiedlichen Aspekte, die für ein gesundes Leben und zur Vorbeugung von Krankheiten notwendig sind, auf verschiedenen Ebenen. In den Firmen beispielsweise gibt es Hygieneschulungen, ebenso wie Aktivitäten zur Verschönerung des Arbeitsumfeldes. Aber unsere Präventionsprogramme gehen auch über das Arbeitsleben hinaus, indem sie die Freizeitgestaltung, soziale Faktoren, Ernährung, Bewegung oder Stressmanagement mitberücksichtigen. Wir versuchen stets möglichst viele Beteiligte umfassend einzubeziehen. Bei unserem Projekt zur Kindergesundheit beispielsweise wird nicht ausschließlich die Therapie des Kindes angeschaut, sondern es werden auch Schulungen für Eltern und Lehrer:innen integriert.

An der Heliopolis Universität haben wir eine Fakultät für Physiotherapie eröffnet, die sich zu einem Beispielmodell für die ganzheitliche, äußere Behandlung und zur Vorbeugung von Krankheiten entwickeln soll. Denn so sehr die Physiotherapie in Ägypten in den vergangenen Jahren auch an Zuwachs gewonnen hat, wird dieser Ausbildungs- und Berufszweig doch überwiegend aus Prestigegründen gewählt und konzentriert sich auf die Behandlung mit Geräten anstatt auf die Heilkräfte, die von Berührungen ausgehen können. Ähnliches gilt für die Pharmazie. Auch hier wollen wir mit unserer Fakultät an der Heliopolis Universität zu einem Beispiel werden und wissenschaftlich belegen, wie pharmazeutische Arbeit auch mit natürlichen, insbesondere pflanzlichen Heilmitteln erfolgreich möglich ist.

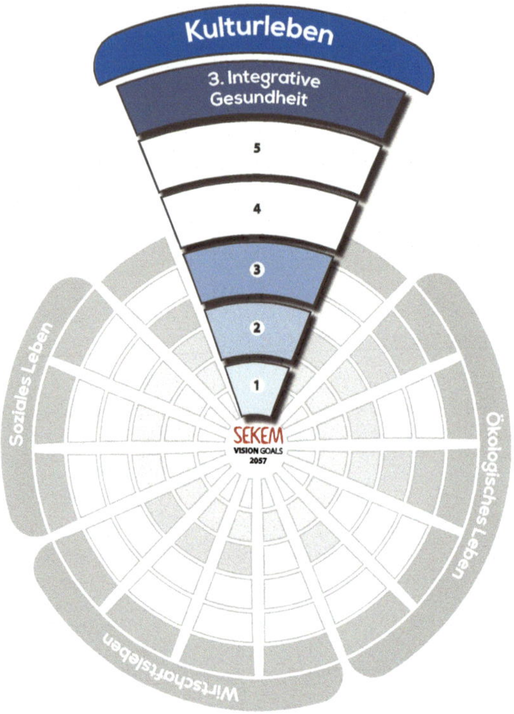

4 laufende Projekte & Aktivitäten, darunter:

- EcoHealth: Ganzheitlicher Gesundheitsservice

Ein weiterer wichtiger Punkt: Wir haben einen Gesundheitsservice mit inkludierter Krankenversicherung für unsere Mitarbeitenden gegründet. Diese konzentrieren sich auf präventive Maßnahmen zum Erhalt der Gesundheit. Dabei wird neben klassisch physischen Indikatoren auch das Selbstheilungspotenzial berücksichtigt.

So wollen wir dazu beitragen, dass es zu weniger Krankheitsbehandlungen kommt, und dass stattdessen mehr vorbeugend für eine allumfassende Gesundheit der Menschen gearbeitet wird.

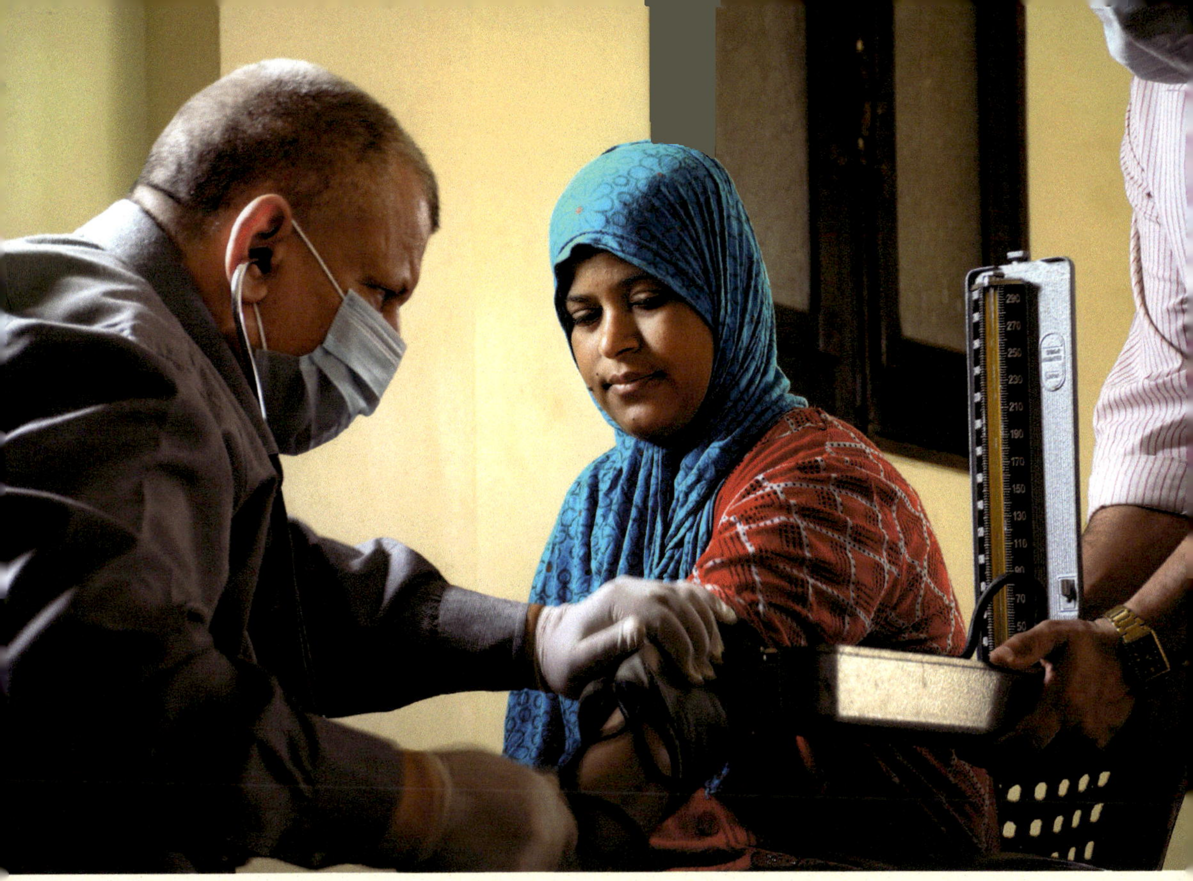

Inspiration: Programm zur Förderung von Gesundheit

Unser Gesundheitsservice *EcoHealth* will ganzheitliche Gesundheit fördern, sodass weniger Krankheiten überhaupt entstehen können. Alle Mitarbeitenden zahlen dazu einen solidarischen Beitrag, der neben einer Zusatzkrankenversicherung individuelle Beratung und Anleitungen zu Selbstheilungspraktiken beinhaltet. Die Mitglieder werden in verschiedenen Lebensbereichen von unterschiedlichen Fachleuten und Spezialisten begleitet und beraten: zum Beispiel Ärzt:innen, Apotheker:innen, Physiotherapeut:innen, Ernährungsberater:innen oder Psycholog:innen. So werden die Menschen dazu ermutigt, sich frühzeitig um ihre Gesundheit zu kümmern.

Das neue Amphitheater auf der Wahat-Farm Mitten in der Wüste

VISION (SVG 4):
KULTUR

Ägypten 2057: Regionale, lokale und internationale Kunst- und Kulturaktivitäten sind lebendig und werden von der ägyptischen Bevölkerung geschätzt und mitgestaltet.

Beim Erreichen dieses Ziels befinden wir uns aktuell in der Phase der Modellentwicklung. Wir bieten viele unterschiedliche Kunst- und Kultur-Programme an und rufen gleichzeitig zum Mitmachen und Mitgestalten auf. Die vorhandenen Künste im Land werden dabei ebenso einbezogen, wie Beiträge und Impulse aus anderen Ländern und Kontexten.

In Sekem stehen auch die Mitarbeitenden regelmäßig auf der Bühne und präsentieren künstlerische Darbietungen

Um dieser Förderung von Kultur einen Raum zu geben, haben wir mittlerweile drei sogenannte *Spaces of Culture* (Räume der Kultur) eingerichtet: unser großes Amphitheater auf der Sekem-Mutterfarm, ein Open Air-Theater auf der Wahat-Farm und den *Space of Culture* auf dem Campus der Heliopolis Universität. Auch letzterer ist aus einer Vision von Ibrahim Abouleish entstanden. Er wollte in einem *House of Cultures* den unterschiedlichen Künsten einen Raum geben, in dem sie sich nicht nur präsentieren, sondern auch entwickeln können. Durch das Aufeinandertreffen und Zusammenspiel der verschiedenartigen kulturellen Ausdrucksweisen kann eine neue Kultur entstehen, eine Symbiose. In den Spaces of Culture finden regelmäßig künstlerische Veranstaltungen statt, die neben den Mitgliedern unserer Gemeinschaft auch Interessierten von außerhalb offenstehen.

Während der Space of Culture an der Heliopolis Universität hauptsächlich von dem städtischen Publikum aus Kairo besucht wird, gestaltet sich das Programm des Theaters auf der Wahat-Farm natürlich

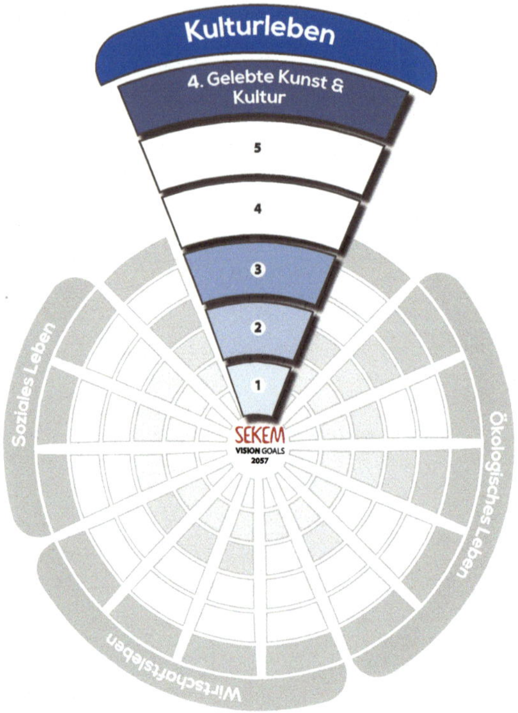

3 laufende Projekte & Aktivitäten, darunter:

- Kunstakademie an der Universität
- Space of Culture in den 13 Dörfern

vollkommen anders. Dort im Wüstenklima und ländlichen Kontext sitzen vorwiegend Beduinen und Bauern im Publikum und traditionelle Künstler:innen präsentieren ihre Talente. Aber auch hier entsteht immer mehr Symbiose, indem Kulturschaffende aus der Stadt in die Wüste reisen oder unsere Studierenden und Core Program-Mitarbeitende sich mit den Menschen der Gegend austauschen.

Das Konzept soll nun so weiterentwickelt werden, dass es auch in vielen unterschiedlichen Kontexten im ganzen Land zu einer Bereicherung werden kann – für die Stadtbevölkerung Kairos ebenso wie in den Oasen in der Wüste oder in den Dörfern entlang des Nils. Dies wollen wir zunächst in den 13 Dörfern rund um die Sekem-Mutterfarm erproben. Wichtig ist uns dabei die Möglichkeit der Beteiligung und Mitgestaltung der Menschen, sodass sie sich motiviert fühlen Kultur nicht nur zu konsumieren, sondern wirklich in ihr Leben zu integrieren und selber kreativ zu werden.

Bei alldem wollen wir das Bewusstsein dafür fördern, dass Kunst kein Zusatz für Privilegierte ist, sondern – im Sinne von Joseph Beuys' Motto „Jeder Mensch ist ein Künstler" – in allen Aspekten des Lebens stattfindet: in der Gestaltung von Haus und Garten ebenso wie bei der eigenen Kleidung oder im sozialen Verhalten.

INSPIRATION:
SPACE OF CULTURE

Der *Space of Culture* an der Heliopolis Universität umfasst neben einem Amphitheater eine Galerie, einen Vortrags- und einen Theatersaal. An diesen Schauplätzen gibt es regelmäßig Konzerte, Lesungen, Ausstellungen, Vorträge, Theatervorführungen und ähnliche Kulturformate. Mal von ägyptischen Protagonisten, mal von internationalen Gästen – mal modern und mal traditionell gestaltet. Zudem werden hier die Mitarbeiter:innen und Studierenden der Heliopolis Universität selber kreativ, indem ihre Werke etwa aus dem *Core Program* gezeigt und ausgestellt werden. Regelmäßig gibt es auch Gemeinschaftsproduktionen von Sekem-Schüler:innen, Mitarbeiter:innen sowie Personal und Studierenden der Heliopolis Universität.

Ökologie

Inspirationen für eine enkeltaugliche Erde

„Die Tat ist die Verwandlung der Erde.
Die Tat auf der Erde ist die Anziehungskraft für die Vision.
Die Vision braucht ein Stück Erde."

Ibrahim Abouleish, Notizbuch

Der verantwortungsvolle und nachhaltige Umgang mit Natur, insbesondere aber auch die bewusste Interaktion mit der Natur und ihre Pflege bilden in der Sekem-Vision die Grundlage für alle Entwicklung. Ibrahim Abouleish hat diesen Ansatz in einem Traumbild beschrieben: „Tief in meinem Innern lebt ein Bild: Mitten in Wüste und Sand sehe ich mich aus einem Brunnen Wasser schöpfen. Achtsam pflanze ich Bäume, Kräuter und Blumen und tränke ihre Wurzeln mit dem kostbaren Nass. Das kühle Brunnenwasser lockt Tiere und Menschen an, die sich erquicken und laben. Bäume spenden Schatten, das Land wird grün, Blumen verströmen ihren Duft, Insekten, Vögel und Schmetterlinge zeigen ihre Hingebung an Gott, den Schöpfer, als sprächen sie die erste Sure des Koran. Die Menschen, das geheime Gotteslob vernehmend, pflegen und achten alles Geschaffene als Abglanz des Paradiesgartens auf Erden."[28]

In diesem Traumbild kommt deutlich die Inspiration aus dem Koran zum Ausdruck. Dabei geht es nicht nur um den Schutz und Erhalt der Natur, sondern auch um deren Evolution.

Im alten Ägypten wurde die Landpflege durch Priester angeleitet, die eine Verbindung zu einer göttlich-kosmischen Ordnung hatten. Dadurch entwickelte sich bei den Menschen eine Empfindung für das

28 Die Sekem Symphonie, S.13

„rechte" Handeln auf der Erde. Götter wirkten durch die Menschen, die sich als Werkzeuge zwischen Himmel und Erde verstanden und einen Teil ihrer Ernte in Dankbarkeit den Göttern opferten. Einst war der Bauer Pfleger des Landes, heute ist er Produzent und Nutznießer. Der Mensch hat kaum noch eine Verbindung zu einer göttlichen oder kosmischen Sphäre. Gleichzeitig ist die Religion, der Glaube an Allah und sein heiliges Buch, den Koran, im ägyptischen Kulturkreis von höchster Bedeutung. Und der Koran stellt unzählige Natur-Bilder und Natur-Prozesse dar, die oft als Metapher für das göttlich-geistige Wirken dienen und dazu aufrufen, die Natur zu achten, zu pflegen und zu entwickeln. Gott hat den Menschen das Vertrauen (amāna) geschenkt, die Natur in allen ihren Phänomenen zu betrachten und sie als wertvolle Lebensgrundlage zu schützen. Als ḫalīfa (Gottes Stellvertreter auf Erden) sind sie dazu aufgerufen, die Erde verantwortungsbewusst zu verwalten und ihren ganzheitlichen Zusammenhang zu erkennen.

In den koranischen Darstellungen eines vielfältigen Natur-Zusammenhangs mit der darin enthaltenen Notwendigkeit, die Balance zu halten, erkennen wir Hinweise darauf, dass dem Menschen die Verantwortung für eine nachhaltige Pflege und Entwicklung der Natur zukommt. Diese Hinweise aus dem Koran motivieren uns dazu, auch unsere verlorengegangene Verbindung mit der Natur und dem Kosmos neu zu entdecken. Durch die Beobachtung der Natur, ihres Reichtums, ihrer Vielfalt und Gesetzmäßigkeiten wird der Mensch auf göttliches Walten hingewiesen: auf den „einen Gott" in der Vielheit der Erscheinungen, wie es im Koran erläutert wird: *Im Wasser, das Allah vom Himmel herabkommen lässt, und mit dem Er die Erde nach ihrem Absterben wieder belebt und auf ihr allerlei Getier sich ausbreiten lässt; im Wechsel der Winde und der zwischen Himmel und Erde in Dienst gestellten Wolken, in alledem sind Zeichen für Menschen, die erkennen können.*[29]

Insbesondere die Balance der Vielfalt in der Natur als Ideal der göttlichen Schöpfung wird im Koran wiederholt beschrieben: *Und die Erde haben Wir ausgebreitet. Wie trefflich haben Wir sie geebnet! Und von allem haben Wir ein Paar erschaffen, auf dass ihr es bedenket.*[30]

In Sure 50,7-8 wird dann die geistige Ebene hinzugefügt: *Auch die Erde haben wir ausgebreitet mit festgegründeten Bergen darauf, und wir ließen auf ihr von jeglicher schönen Art Paare hervorsprießen, zur Einsicht und als Hinweis für jeden, der sich hingebungsvoll mit dem Geistigen verbindet.*

29 Sure 2,164ff | 30 Sure 51,48-49

Einem solchen integralen Natur-Erkennen hat auch Goethe treffend poetischen Ausdruck verliehen:

Müsset im Naturbetrachten
immer eins wie alles achten.
Nichts ist drinnen, nichts ist draußen;
Denn was innen, das ist außen.
So ergreifet ohne Säumnis
heilig öffentlich Geheimnis!
Freuet euch des wahren Scheins,
euch des ernsten Spieles!
Kein Lebend'ges ist ein Eins,
immer ist's ein Vieles.

Die praktische Umsetzung der Aufforderungen im obigen Sinne können wir in der biologisch-dynamischen Agrikultur sehen. Denn hier ist nicht nur der ganzheitliche Umgang mit der Ökologie vorhanden, sondern es werden auch kosmische Zusammenhänge in der Natur berücksichtigt, auf die im Koran ebenfalls Bezug genommen wird. In Sure 55,5-9 heißt es: *Die Sonne und der Mond laufen ihre vorgeschriebene Bahn, Die Sterne und die Bäume neigen sich vor dem Herrn, Und die Himmel hat Er emporgehoben und ausgewogen, Ihr sollt die Ausgewogenheit nicht zerstören. Haltet das rechte Maß und verliert es nicht.*

Indem die biologisch-dynamische Agrikultur auf das Zusammenwirken des gesamten Ökosystems ausgerichtet ist, erfüllt sie den Auftrag des Menschen, die geschaffene Ordnung nicht aus dem Gleichgewicht zu bringen oder zu zerstören. So pflegen die Sekem-Bauern die Lebendigkeit der Erde, indem sie das Gleichgewicht von Mineralien und Mikroorganismen fördern und sie beziehen die Natur-Elemente mit ein. Sie berücksichtigen außerdem die Planeten- und Sternenkonstellationen und damit die Wechselwirkung zwischen Kosmos und Erde. Indem die kosmische und spirituelle Dimension in ihren Umgang mit der Natur einbezogen wird, kann das Arbeiten mit der Erde zu einer spirituellen Tat, einem „Gotteslob" werden.

Als promovierter Chemiker hatte Ibrahim Abouleish immer wieder festgestellt, dass die vielen Mangelerscheinungen, unter denen Menschen heutzutage zunehmend leiden, mit den fehlenden Lebensprozessen in den Pflanzen in Zusammenhang gebracht werden können. Die konventionelle Landwirtschaft bringt die Feldfrüchte zwar durch den Einsatz von Kunstdünger zu einem schnellen Wachstum, sie behindert dadurch aber den natürlichen Reifungsprozess, wodurch den Pflanzen viele ihrer Nährstoffe und Lebenskräfte verlorengehen. Im Koran wird mehrfach darauf hingewiesen, dass der Mensch die Reifung der Früchte berücksichtigen muss und deshalb bewusst, also nicht verschwenderisch mit dem landwirtschaftlichen Ertrag umgehen soll: *Esset von ihren Früchten, wenn sie reif sind, und gebt einen Teil davon am Tag der Ernte, und übertreibt nicht. Er liebt nicht die Maßlosen.*[31]

Der Koran sagt wiederholt, dass der Mensch sich bewusst und nur aus „guten" Quellen ernähren soll. Lebensmittel sollen nur dann gegessen werden, wenn sie *ḥalāl* (erlaubt) und *ṭayyib* (gut) sind. Im Koran werden diese beiden Kriterien meist gemeinsam genannt: *Esst nun von dem, was ihr erbeutet habt, so es erlaubt (ḥalāl) und rein (ṭayyib) ist.*[32]

Hier stellt sich die Frage, warum zwei derart ähnliche Kriterien notwendig sind. Ein möglicher Grund könnten die physische und die moralische Ebene sein, auf die damit hingewiesen wird. Das arabische Wort *ṭayyib* kann je nach Zusammenhang unterschiedlich übersetzt werden. So kann es allgemein „gut", aber auch „lecker", „köstlich", „sauber/rein" oder gar „ethisch korrekt" heißen. Es ist aber definitiv eine Steigerung von *ḥalāl* (erlaubt). Heutzutage wird das Kriterium *ḥalāl* meist ausschließlich auf die Art der Schlachtung bezogen. Im Koran jedoch ist erkennbar, dass seine ursprüngliche Bedeutung weit darüber hinaus geht. Wenn dann gesagt wird *Esst von dem Guten (ṭayyib), das wir euch bescherten, doch nicht ohne Maß*[33], so wird auch deutlich, dass beim Konsum von Lebensmitteln stets auf gute Qualität, also den Ursprung zu achten ist. Außerdem soll mit Nahrungsmitteln nicht verschwenderisch umgegangen werden und das natürliche Gleichgewicht, also die Harmonie der Natur, nicht gestört werden. Im Kontext der heutigen Zeit verstehen wir dies als Auftrag zu einer nachhaltigen Agrikultur, die keine Pestizide, Wachstumsbeschleuniger oder Gentechnik verwendet, durch welche in das natürliche Gleichgewicht eingegriffen wird.

In diesem Zusammenhang haben wir kürzlich alle Essensreste, die nach dem gemeinsamen Mittagessen in die Küche zurückgegeben wurden, gewogen. Als wir innerhalb der Gemeinschaft kommunizierten, wie viele Menschen von diesen Überresten noch hätten ernährt werden können, waren wir plötzlich alle von einer gewissen

31 Sure 6,141 | 32 Sure 8,69 | 33 Sure 20,81

Scham betroffen. Es half uns aber, dieses augenscheinliche Problem sichtbarer und fühlbarer zu machen, sodass in Zukunft sicherlich ein anderer Umgang damit gefunden werden wird.

Auch über die Tierhaltung gibt der Koran Auskunft. Tiere sollen in den natürlichen Kreislauf der landwirtschaftlichen Tätigkeit eingebunden sein: *Und er erschuf die Tiere für euch. Sie liefern euch Wärme und anderen Nutzen, und davon esst ihr. Und ihr erfreut euch an ihrer Schönheit, wenn ihr sie abends eintreibt und morgens austreibt.*[34] Sie erscheinen ganz so wie die Menschen als Gottes Geschöpfe und sollen mit entsprechendem Respekt behandelt werden: *Und es gibt kein Tier, das auf der Erde geht, und keine Vögel, die mit ihren Flügeln fliegen, die nicht Gemeinschaften (umma) wären gleich euch.*[35]

Auch für die Tierhaltung bietet der biologisch-dynamische Ansatz eine artgemäße Form. Hier wird zum Beispiel Wert darauf gelegt, die Kühe nicht zu enthornen, da dies eine starke Veränderung im Wesen des Tieres bewirkt und auch die Qualität der Milch verändert. Die Gefahr solcher Veränderungen wird im Koran angesprochen wenn der Satan sagt: *Und ich werde sie irreführen, und werde sie zu Wunsch und Wahn verführen und ich werde ihnen befehlen, dass sie die Ohren der Herdentiere stutzen, und ich werde ihnen befehlen, dass sie die Schöpfung Allahs verändern.*[36]

Solche Hinweise können nicht zuletzt auch mit der Gentechnik in Zusammenhang gebracht werden.

Bei näherer Betrachtung der Angaben zur Qualität der Lebensmittel wird deutlich, dass der Verzehr von Produkten, die dem natürlichen und göttlichen Zusammenhang entfremdet wurden, prinzipiell *ḥarām*, also verboten ist. Den göttlichen Zusammenhang bringt der Koran mit dem Dank an Gott zum Ausdruck. Wenn die Herstellung eines Lebensmittels ethisch korrekt erfolgt ist, dann soll immer noch die sogenannte *Basmala*, die Anrufungsformel *Im Namen des barmherzigen und gnädigen Gottes* als Dank an Gott gesprochen werden; es soll also noch einmal bewusst ausgesprochen werden, dass das Essen aus einem ganzheitlichen Natur-Kontext stammt, der in Verbindung zu kosmischen und spirituellen Sphären steht: *...esst von dem, was sie für euch fangen, und erwähnt den Namen Allahs darüber.*[37] Und in Sure 2,172 heißt es: *O ihr, die ihr glaubt, esst von den besten Dingen, die wir euch beschert haben, und dankt Allah, so ihr Ihm dient.*

34 Sure 16,5 | 35 Sure 6,38 | 36 Sure 4,119 | 37 Sure 5,4

Der Dank als Zeichen einer Hinwendung zu Gott und zu einer allumfassenden Weltenordnung, welche die Natur in ihrer Ganzheit mit ihrer Beziehung zum Göttlichen versteht, wird ähnlich in einem Spruch Rudolf Steiners beschrieben:

Der Sonne Licht durchflutet des Raumes Weiten,
der Vögel Singen durchhallet der Luft Gefilde,
der Pflanzensegen entkeimet dem Erdenwesen,
und Menschenseelen erheben in Dankgefühlen
sich zu den Geistern der Welt.[38]

In der Natur mehr als nur die reine Ökologie wahrzunehmen oder in der Agrikultur eine von der menschlichen Einsicht geleitete Kulturarbeit zu erkennen, sind Ansätze, die im Islam zu finden sind und die in Sekem im islamischen Kulturraum durch die biologisch-dynamische Landwirtschaft ihre praktische Umsetzung gefunden haben. Wir haben es uns zur Aufgabe gemacht, die Verbindung zwischen der Natur und ihrem Schöpfer wieder stärker in das Bewusstsein der Menschen zu bringen, so dass sich der Mensch seiner Rolle und der damit verbundenen Verantwortung wieder bewusst wird. Auch Goethe äußert sich zu diesem Thema: *Die Natur versteht gar keinen Spaß, sie ist immer wahr, immer ernst, immer strenge, sie hat immer Recht, und die Fehler und Irrtümer sind immer des Menschen.*[39]

Mit der Inspiration zu dieser Natur-Kultur-Arbeit hat alles begonnen und sie bildet bis heute die Grundlage für die Sekem-Vision, denn in diesem geistigen und ganzheitlichen Natur-Verständnis wurzeln alle anderen Dimensionen.

38 Die Pforte der Einweihung, Vorspiel, GA 14 | 39 Goethe, Fragment über die Natur

40 Jahre Wüste kultivieren

Auf ehemaligem Wüstenboden erstrecken sich heute Alleen aus Casuarienenbäumen, Palmenhaine und blühende Felder mit Kamille, Calendula, Pfefferminze und anderen Heilpflanzen. Verschiedene Vogelarten zwitschern, Schafe weiden und Kühe erfreuen sich an frischem Klee im Schatten ihrer Ställe. In den frühen Morgenstunden liegt noch Nebel über der Sekem-Farm, während die ersten Bauern beginnen die Felder zu bewässern und zu bestellen.

Innerhalb von 40 Jahren konnten über 2000 Hektar Land nachhaltig urbar gemacht und bewirtschaftet werden. Dabei wurden hunderttausende Bäume[40] gepflanzt, die zusammen mit dem fruchtbaren Boden viele tausend Tonnen CO_2[41] gebunden haben. Die angewandte biologisch-dynamische Agrikultur hat etliche weitere Vorteile für die Natur und auch die Menschen in Ägypten mit sich gebracht. Der Kompost, den Sekem selber herstellt, trägt zu nachhaltigem Aufbau von fruchtbarem Boden bei. In Kombination mit den biologisch-dynamischen Präparaten kann der ehemalige Wüstenboden etwa zwischen 20 bis 40 Prozent mehr Wasser speichern als konventionell bewirtschaftetes Land. Der Kompost wird von uns auch das „schwarze Gold der Bauern" genannt, denn er kommt nicht nur bei der Urbarmachung, sondern auch als Düngung zum Einsatz und eignet sich ideal für den Umgang mit dem trockenen und heißen Landesklima. Selbst konventionelle Landwirte in ganz Ägypten haben sich von den vielen Vorteilen überzeugen lassen. Sie haben angefangen selber Kompost herzustellen und zu verkaufen. Mittlerweile ist das Wort sogar ins Arabische übertragen worden: Mit *kumbust* wird in den ländlichen Gegenden für die Düngung geworben, die auch in der konventionellen Landwirtschaft eingesetzt wird. Der Kompost hat sich damit zu einem Ersatzmittel für den Nilschlamm entwickelt, der früher das Land fruchtbar machte und seit dem Bau des Assuan-Staudamms (in den 1960er Jahren) ausbleibt.

Tatsächlich sind wir mit dem Kompost-Thema bisher am weitesten gekommen: er ist bekannt geworden, wird von vielen weitergegeben, und ist damit im ganzen Land angekommen. Der Kompost

40 Rund 600.000 Bäume in 40 Jahren | 41 Rund 500.000 Tonnen in 40 Jahren

Sekem arbeitet in ganz Ägypten mit mehreren Hundert Bio-Bauern zusammen

überzeugt in vielerlei Hinsicht, auch ohne Vision und Erläuterungen. Seine Herstellung und Anwendung sind für jeden leicht und kostengünstig umsetzbar. Das möchten wir auch mit unseren anderen Visionszielen erreichen. Wir arbeiten also daran, alle unsere Anliegen auf so einfache und überzeugende Weise zu verbreiten, wie es mit dem Thema Kompost bereits gelungen ist.

Heute betreiben rund 500 Vertragsbauern in ganz Ägypten verteilt biologisch-dynamische Agrikultur. Sie haben langfristige Verträge mit stabilen Preisstrukturen und erhalten außerdem regelmäßig Fortbildungen und Schulungen. Neben den fachlichen Kenntnissen bieten wir den Landwirten und ihren Familien auch die Möglichkeit, an Bildungsangeboten teilzunehmen, organisieren beispielsweise Alphabetisierungskurse oder Schulungen zu Gesundheitsthemen.

Die Sekem-Mutterfarm, die sich auf rund 100 Hektar Land erstreckt, betreibt ihre eigene Abwasserwirtschaft. Das komplette Abwasser wird wiederaufbereitet und kommt bei der Bewässerung der Bäume zum Einsatz. Es gibt verschiedene solarbetriebene Systeme,

Wüste begrünen, um eine fruchtbare Grundlage für menschliche Entwicklung zu schaffen

die die Gebäude mit erneuerbarem Strom versorgen. Durch den verringerten CO_2-Ausstoß und die nachhaltige Agrikultur ist Sekem bereits seit vielen Jahren nicht nur klimaneutral, sondern klimapositiv.

Nachdem die Produktnachfrage sowohl in Ägypten als auch international Anfang der 2000er Jahre immer größer wurde und die Umweltverschmutzung rund um die urbanen Gegenden drastisch zunahm, haben wir uns entschieden, drei weitere Ländereien zu kaufen: in der westlichen Wüste Ägyptens, im Regierungsbezirk Al-Minya und auf der Sinai-Halbinsel. Auf den insgesamt rund 2000 Hektar Wüste wollen wir neben den landwirtschaftlichen Aktivitäten auch die Gründung von ländlichen Gemeinschaften (siehe dazu SVG 16) unterstützen. In die Zeit unserer Expansion kam allerdings die Revolution in Ägypten, wodurch die weitere Umsetzung der Pläne stark eingeschränkt wurde. Wenn auch langsam, ging der Ausbau seither dann doch voran, sodass im Sinai mittlerweile Oliven wachsen und in Minya Kräuter sprießen. Auf der Farm in der Oase El-Bahareyya werden vorrangig Dattelpalmen, Bäume und Jojoba angebaut und es wird ökolandwirtschaftliche Forschung betrieben.

Herausforderungen und Chancen

Ägypten ist weltweit als eine der ältesten Zivilisationen bekannt, die Landwirtschaft betrieben hat. Bereits vor Tausenden von Jahren hinterließen die jährlichen Nil-Überschwemmungen einen fruchtbaren Boden, auf dem die Menschen ihre Nahrung anbauen konnten. Da es in Ägypten kaum regnet, war der Nil wie ein Brunnen in der Wüste, der die Bevölkerung nährte. Aber die Zeiten haben sich geändert. Durch den Bau des Assuan-Staudamms in den 1960er Jahren bleiben die jährlichen Überschwemmungen aus, der fruchtbare Schlamm fehlt. Als Folge wurden immer mehr chemische Düngemittel und Pestizide eingesetzt, um die Ernteerträge zu steigern. Die durch den Assuan-Staudamm gewonnene Energie wurde zu großen Teilen für die Produktion von Kunstdünger genutzt. Ägypten zählte in den 1990er Jahren zu einem der weltweit größten Verbraucher von chemischen Pflanzenschutzmitteln. Mit dieser Entwicklung stieg auch der Wasserbedarf, und das in einem Land, das zu 100 Prozent auf künstliche Bewässerung angewiesen ist. Die Landwirtschaft ist mit über 84 Prozent der größte Wasserkonsument des Landes. Ägypten lebt laut Angaben der Vereinten Nationen bereits seit geraumer Zeit in Wasserknappheit[42], sogar kurz vor der Wasserarmutsgrenze. Damit ist das Land stark von Lebensmittelimporten abhängig geworden.

Erschwerend kommt hinzu, dass immer mehr Wasser aus dem Nil verbraucht wird, sodass er dem Druck des Meeres weicht. Das ist neben dem allgemeinen Anstieg des Meeresspiegels ein weiterer Grund für die Versalzung des Nildeltas. Und Ägypten ist, was den Anstieg des Meeresspiegels betrifft, nach Bangladesch das am stärksten durch den Klimawandel betroffene Land weltweit.

Außerdem leidet Ägypten unter dem Verlust von fruchtbarem Boden, denn das enorme Bevölkerungswachstum führt zu einer zunehmenden Bebauung in besiedelten Gebieten, vielfach auch auf Ackerböden. Weitere große Herausforderungen sind die Umweltverschmutzungen durch Pestizide und Kunstdünger, mangelhafte Ab-

42 1.000 Kubikmeter Wasser pro Kopf/Jahr

fallentsorgung und der CO_2-Ausstoß. Nur rund 60 Prozent des Mülls werden in Ägypten gesammelt und nur 20 Prozent werden ordnungsgemäß entsorgt.[43] Meist haben nur größere Städte Müll-Deponien; der Großteil der Abfälle, insbesondere in ländlichen Gegenden, wird illegal verbrannt oder gar in der Wüste abgeladen. Kairo zählt zu den am stärksten verschmutzten Metropolregionen rund um den Globus, mit einer der höchsten Feinstaub-Belastungen. Die in der Vergangenheit stark subventionierte Elektrizität kommt zu über 90 Prozent aus fossilen Brennstoffen. Mit der steigenden Bevölkerungszahl erhöhen sich die Preise für fossile Energien und die Ressourcen werden immer knapper. Mit den genannten Phänomenen geht außerdem ein zunehmender Schwund der Biodiversität einher.

Zahlreiche Studien prognostizieren, dass all jene Probleme, mit denen Ägypten bereits heute konfrontiert ist, in den kommenden Jahrzehnten zunehmen und auf dem ganzen Globus zur Herausforderung werden. Unzureichende Wasserressourcen, fehlendes fruchtbares Land und der Schwund von Biodiversität tauchen in den Zukunftsprognosen meist als die schwerwiegendsten Herausforderungen auf. Kamen Mitte des vergangenen Jahrhunderts auf jeden Menschen weltweit noch knapp 0,5 Hektar fruchtbares Land, sind es heute nur noch rund 0,19 Hektar, und bis 2050 könnte dieser Wert auf rund 0,16 Hektar pro Kopf sinken.[44] In Ägypten stehen heute für jede Einwohnerin und jeden Einwohner nur 400 Quadratmeter zur Verfügung. Mit dem erhöhten Nahrungsmittelbedarf (nach Schätzungen der FAO um rund 60 Prozent) geht auch ein Anstieg des Wasserbedarfs einher, denn die Landwirtschaft ist weltweit der größte Wasserkonsument.

Diesen Negativ-Prognosen will Sekem das entgegensetzen, was wir seit 1977 durch einen ganzheitlich nachhaltigen Umgang mit der Natur erreicht haben. Ägyptens Ökosystem muss baldigst wieder in ein Gleichgewicht kommen, um überlebensfähig sein zu können.

43 www.cdmsmith.com/de/Client-Solutions/Projects/Solid-Waste-Management-Egypt

44 UNEP, 2019

Visionsziele: Ökologie

Sekems Vision von Ägypten im Jahr 2057 für den Bereich Ökologie und wie wir zu ihrer Realisierung beitragen wollen.

Sekem will die sieben Millionen Bäuer:innen in Ägypten bei der Umstellung zu nachhaltiger Agrikultur unterstützen

Vision (SVG 5):
Agrikultur

Ägypten 2057: Die Bauern Ägyptens arbeiten in der Hauptausrichtung der Agrikultur nachhaltig, mit biologisch-dynamischen oder biologischen Methoden!

Bei der Realisierung dieses Visionsziels befinden wir uns mit einigen Projekten bereits in der Phase, in der wir landesweite Relevanz erreichen und sich ein wirklicher Wandel einstellen kann.

Wir können belegen, dass die biologische, insbesondere die biologisch-dynamische Agrikultur Lösungen für viele große Umwelt-Herausforderungen der heutigen Zeit und der Zukunft bietet. So zeigt etwa die von Sekem und der Heliopolis Universität durchgeführte fortlaufende Studie *The Future of Agriculture in Egypt*, dass für die fünf wichtigsten ägyptischen Nutzpflanzen (Baumwolle, Mais, Kartoffeln, Reis und Weizen) der Bio-Anbau bereits heute volkswirtschaftlich kostengünstiger ist, als der konventionelle. Hintergrund des Ansatzes ist die sogenannte *True Cost Accounting*-Methode, bei der zum Beispiel Faktoren wie die Verschmutzung von Böden, Luft oder Wasser berücksichtigt werden, die in der konventionellen Landwirtschaft früher oder später zu hohen Kosten führen. Mit Forschungsansätzen wie diesen arbeiten wir daran, Aufmerksamkeit für die Vorteile von nachhaltiger Agrikultur auf verschiedenen Ebenen zu schaffen, damit sowohl die Politik, aber auch die Zivilbevölkerung sich ihrer Entscheidungen im Hinblick auf Lebensmittelproduktion und -konsum bewusster werden können. Dazu rufen wir Entscheidungsträger konkret auf. Denn wir sind überzeugt, dass solche Forschungsansätze immer deutlicher die Realität der Zukunft abbilden können und dadurch eine frühzeitige Veränderung eintreten wird.

Außerdem forschen wir mit unterschiedlichen Methoden zur Sichtbarmachung der Qualität und Vitalität von biologischen und biologisch-dynamischen Lebensmitteln (siehe auch Inspiration: Sichtbarmachung von Vitalität).[45] Dazu etablieren wir an der Heliopolis Universität ein eigenes Labor, sodass die Studierenden und wissenschaftlich Forschenden unsere Vision in Ägypten ebenfalls voranbringen können. So sollen immer mehr Menschen die Vorteile von biologischen Lebensmitteln sehen und verstehen, um dann gezielter konsumieren zu können.

In diesem Zusammenhang sei auch die erste Fakultät Ägyptens für Bio-Landbau genannt, die 2018 an der Heliopolis Universität eröffnet wurde. In einem dualen Studienkonzept lernen hier junge Studierende die wissenschaftliche Theorie an der Universität und haben ausgiebige Praxisphasen, während derer sie die Anwendung und Umsetzung der langjährigen Erfahrung Sekems direkt auf den Farmen erleben. Etliche Kurse werden in Kooperation und Vernetzung durchgeführt, beispielsweise mit der landwirtschaftlichen Sektion des *Goetheanums* in Dornach. So hoffen wir, dass die Lehre unserer Fakultät zu einem Vorzeigemodell wird, das sich immer weiter multipliziert.

45 Zum Beispiel anhand von Biokristallisation. Bei dieser sogenannten bildschaffenden Methode wird durch Kupferchloridkristallisation die innere Struktur von Lebensmitteln verbildlicht. Dabei zeigen sich deutliche Unterschiede von konventionell, biologisch und biologisch-dynamisch hergestellten Produkten.

Ebenfalls in Zusammenarbeit mit der Heliopolis Universität und mit internationalen Partnern arbeiten wir an Förderprojekten zur Unterstützung des Bio-Sektors in Ägypten und weiteren afrikanischen Ländern. Ein Beispiel dafür ist das Projekt *Knowledge Hub for Organic Agriculture in North Africa*.[46] Hier wird in Kooperation mit Partnern in Tunesien und Marokko sowie in weiteren afrikanischen Staaten Wissen zum Thema Öko-Landbau gesammelt, aufbereitet und weitläufig verfügbar gemacht.

Ein wichtiges Thema im Hinblick auf eine flächendeckende Bio-Agrikultur Ägyptens ist das Saatgut. Wir züchten vermehrt eigene biologisch-dynamische Samen und machen diese auf dem ägyptischen Markt frei verfügbar. Dabei forschen wir besonders nach Sorten, die sich für Nordafrika und den Mittelmeerraum eignen. Diese werden von Sekem-Bauern getestet, bevor sie auf den Markt kommen. Auch für Hobbygärtner:innen, die Urban-Gardening-Projekte auf den Dächern Kairos umsetzen, wird Sekem-Saatgut angeboten. Ziel ist es, eine Vielfalt an sortenfesten Samen anzubieten und damit Alternativen zu den wenigen großen multinationalen Konzernen aufzubauen, die den Saatgut-Markt und damit die weltweite Lebensmittelproduktion immer stärker mit patentiertem Hybridsaatgut monopolisieren.

Zur Unterstützung der Bauern, die ihre Betriebe umstellen wollen, hat Sekem *die Egyptian Bio-Dynamic Association (EBDA)* gegründet. In enger Anbindung an die *Biodynamic Federation* (ehemals *Demeter-International e.V.*) werden die Kapazitäten der EBDA erweitert, um die wachsende Anzahl an biologisch-dynamisch wirtschaftenden Bauern in Ägypten zu betreuen, die zu den wichtigsten Multiplikatoren für einen Wandel zählen. Wir erreichen hier bereits mehrere Tausend Landwirte und sind zuversichtlich, dass wir bis 2027 eine kritische Masse der sieben Millionen ägyptischen Farmer erreicht haben, sodass ein sichtbarer Wandel in der Landwirtschaft stattfinden wird.

Und in unserem *Wahat – Greening the Desert*-Projekt (siehe SVG 16) erproben wir, wie großflächig angelegte Wüstenbegrünungsmaßnahmen und Bio-Landwirtschaft auf ariden (wüstenähnlichen) Böden wirtschaftlich lohnender und ertragreicher sind als die unse-

46 Gefördert und beauftragt wird das Projekt durch das *Bundesministerium für wirtschaftliche Zusammenarbeit und Entwicklung* und die *Deutsche Gesellschaft für internationale Zusammenarbeit*.

Biologisch-dynamische Präparate leisten einen wichtigen Beitrag zur nachhaltigen Urbarmachung von Wüste

rer konventionellen Nachbarn. Ein Faktor dabei sind beispielsweise die Einnahmen durch die CO_2-Bindung in Boden und Bäumen (siehe auch: Positive CO_2-Bilanz in der Wüste).

Wir entwickeln gemeinsam mit der *Biodynamic Federation Demeter International (BFDI)* eine Strategie, die es bald allen Demeter-Bauern ermöglichen wird, ihre CO_2-Bindung zu bestimmen und dafür einen finanziellen Ausgleich zu erhalten. Dies trägt dazu bei, dass eine Umstellung auf biologisch-dynamische Landwirtschaft attraktiver wird und entsprechend mehr CO_2 in der Agrikultur gebunden werden kann. Und das nicht nur in Ägypten, sondern weltweit (siehe dazu auch SVG 9: Klimaneutralität).

Unsere Vision zeigt aber bewusst nicht nur den Öko- oder Demeter-Landbau als Lösung auf. Wir sind der Meinung, dass etwa die Bio-Kriterien längst nicht ausreichen für einen wirklich nachhaltigen Umgang mit der Natur. Pestizidgrenzen, der Verzicht auf chemische Düngung oder das Verbot von genmanipuliertem Saatgut sind zwar wichtige Grundlagen, aber nachhaltige Agrikultur beinhal-

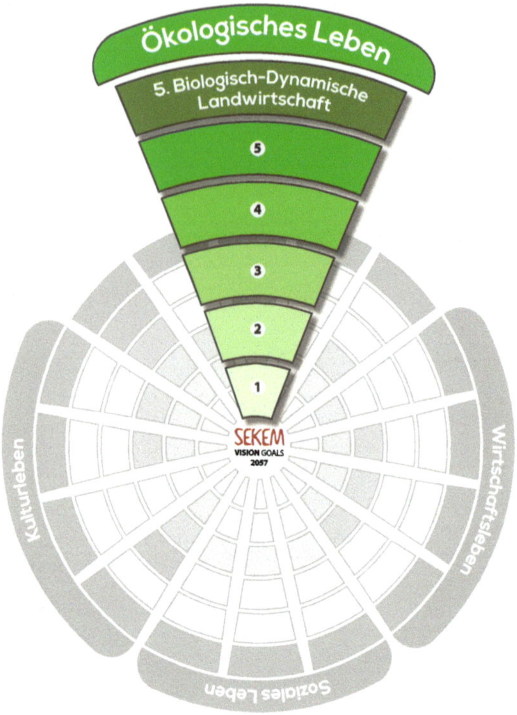

21 laufende Projekte & Aktivitäten, darunter:

- Technische Unterstützung von biodynamisch und biologisch arbeitenden Bauern
- Anpassung von Nutzpflanzen an klimatische Bedingungen
- Projekt "Greening the Desert" auf der Wahat Farm

tet weitaus mehr als das. So sind etwa der Humusgehalt im Boden, der Einsatz des richtigen Saatguts, CO_2-Bindung, aber auch soziale Standards oder die Entwicklungsmöglichkeiten der Menschen von Bedeutung, um wirklich nachhaltig agieren zu können (siehe dazu auch SVG 11).

Für die erfolgreiche und weitreichende Umsetzung eines solch nachhaltigen Agrikultur-Ansatzes ist neben konkreten Praxisprojekten die Bewusstseinsbildung auf allen Ebenen von Bedeutung. Während die Schülerinnen und Schüler der Sekem-Schulen schon lange Landbau-Epochen und Projekte zum nachhaltigen Umgang mit der Umwelt und natürlichen Ressourcen auf dem Lehrplan haben, wollen Sekem und die Heliopolis Universität anderen Schulen in Ägypten ihre Erfahrung in der Integration von Lernkonzepten für nachhaltige Entwicklung zur Verfügung stellen. Über das Sekem-Bio-Unternehmen *Isis Organic* und die *Sekem*-Marke finden Informationskampagnen für Konsument:innen statt und auch die Sekem-Landwirte werden gezielt darin geschult, ihre Erfahrungen mit konventionellen Kolleg:innen zu teilen.

Inspiration: Biodynamische Landwirtschaft für 2500 Kleinbauern

Bis Ende des Jahres 2022 wollen wir mindestens 2500 Bauern in Ägypten in biologisch-dynamischen Anbau-Methoden geschult haben, sodass sie im Prozess der Umstellung von konventionell zu biologisch-dynamisch sind. Da nicht alle von Sekem direkt unter Vertrag genommen werden können, leisten wir Unterstützung in der Abnahme und Vermarktung der Produkte, insbesondere während der dreijährigen Umstellungsphase, in der die Produkte noch nicht zertifiziert werden können. Wir bieten ihnen außerdem an, ihre CO_2-Bindung zu zertifizieren. Den Preis, den wir dafür zahlen, erhöht ihr Einkommen zusätzlich. 2500 Bauern sind zwar nur ein minimaler Prozentsatz der insgesamt sieben Millionen Landwirte im Land, aber wir sind zuversichtlich, dass durch die zu erreichende kritische Masse die Verbreitung in den darauffolgenden Jahren großflächig voranschreitet.

VISION (SVG 6):

WASSER

Ägypten 2057: Ägypten betreibt ein nachhaltiges Wasser-Management, das den Wasserverbrauch optimiert, Abwasser wiederverwendet und innovative Wassergewinnungsmethoden nutzt!

Im Hinblick auf die große Zukunftsproblematik der Wasserarmut in Ägypten liegt uns dieses Visionsziel besonders am Herzen – wenngleich es auch besonders utopisch klingen mag. Obwohl unsere biologisch bewirtschafteten Böden bereits eine 20- bis 40-prozentig erhöhte Wasserspeicherkapazität haben, müssen wir unseren eige-

Wasser ist in Ägyptens Landwirtschaft entscheidend - biologisch bewirtschaftete Böden haben eine deutlich höhere Speicherqualität als konventionelle

nen Wasserverbrauch, vor allem in der Landwirtschaft, die ja den Großteil des Wassers in Ägypten konsumiert, optimieren. Dazu gilt es, bestehende Bewässerungsmethoden weiterzuentwickeln und zu alternativen Systemen zu forschen. Außerdem werden wir alle Bewässerungssysteme mit erneuerbaren Energien betreiben.

Die Reinigung und die hundertprozentige Wiederverwendung etwa von Abwasser setzen wir bereits seit langer Zeit um. Das ist aber nur dann nachhaltig, wenn das Abwasser nicht bereits zu stark, etwa durch schädliche Chemikalien, verseucht ist. Denn: das landwirtschaftliche Wasser in Ägypten wird bis zu dreimal verwendet – durch die Rückstände der konventionellen Landwirtschaft gelangen so zusätzliche schädliche Stoffe in die Natur. Die biologische Agrikultur verhindert dies.

Um dem steigenden Wasserbedarf in Ägypten nachkommen zu können, müssen alternative Bewässerungstechniken erforscht und

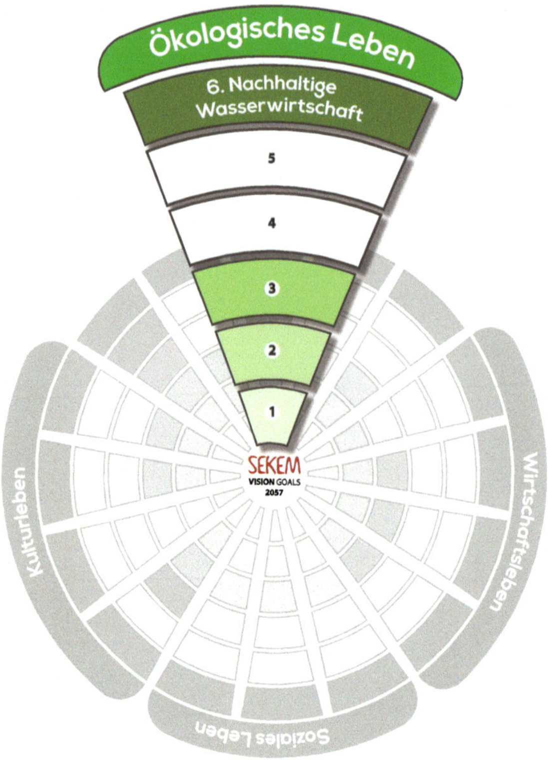

5 laufende Projekte & Aktivitäten, darunter:

- Meerwasserentsalzung
- Dezentrale Abwasseraufbereitung

bereits theoretisch anerkannte Methoden praxistauglich gemacht werden. Ein solches Modell ist beispielsweise die Meerwasserentsalzung. Wir wollen uns diese genauer anschauen und testen, wie sie etwa ohne den hohen Einsatz von fossiler Energie auskommt. Es gilt zudem zu eruieren, wie das abgetrennte Salz verwendet werden kann, damit die Technik zu einer nachhaltigen und preisgünstigen Quelle für Ägyptens Wasserwirtschaft werden kann.

Es gibt Bäume und Pflanzen, die fast ohne Bewässerung auskommen und ihre Flüssigkeit hauptsächlich aus der Luftfeuchtigkeit beziehen. Einige dieser Bäume und Pflanzen werden im Projekt *Greening the Desert* bereits getestet (zum Beispiel Moringa oder Akazie). Nach weiteren innovativen Technologien und Lösungen suchen und forschen wir.

Inspiration: Dezentrale Abwasseraufbereitung

Momentan wird in Ägypten nur etwa 15 Prozent des Abwassers wiederaufbereitet. In den 13 Dörfern rund um die Sekem-Farm testen wir einen sogenannten dezentralen Abwasseraufbereitungsturm. Das System reinigt das Abwasser so, dass es anschließend wieder zur landwirtschaftlichen Bewässerung eingesetzt werden kann, ohne dass es schädlich für die Umwelt ist. Das Modul wird an die Wände der Häuser gebaut, sodass es möglichst platzsparend ist. Es birgt großes Potenzial für Kleinbauern, den landwirtschaftlichen Wasserverbrauch stark zu reduzieren.

Berufsschüler lernen in der Praxis wichtige Kompetenzen rund um die Technologien zur Gewinnung von erneuerbaren Energien

Vision (SVG 7):
Energie

Ägypten 2057: Ein nachhaltiges Energiekonzept auf Basis von erneuerbaren Energien und optimiertem Verbrauch findet Anwendung!

Das Ziel, erneuerbare Energiegewinnung in Ägypten zur Mainstream-Methode werden zu lassen, konnten wir bereits soweit voranbringen, dass wir uns hierbei in der Phase einer weitläufigen Verbreitung erforschter und erprobter Modelle befinden.

Die Realisierung dieser Vision erscheint auf den ersten Blick gar nicht so schwer, denkt man an das große Potenzial, welches das Land für erneuerbare Energien birgt: In Ägypten scheint beinahe das ganze Jahr hindurch die Sonne und es gibt weitläufige Küsten mit viel Wind. Lange Zeit hindurch scheiterte aber die Nutzung dieser alternativen Energiequellen etwa an den Preisen für die Anlagen, an nicht oder nur schwer erhältlichen Ersatzteilen oder an der stark subventionierten konventionellen Energiegewinnung, wodurch fossile Brennstoffe extrem kostengünstig waren. Ein weiteres Hindernis ist die fehlende Fachkenntnis sowohl bei der Installation als auch der anschließenden Instandhaltung von Solar- oder Windanlagen.

Wir haben vor vielen Jahren mit ersten Versuchen im Bereich der alternativen Energien begonnen – mit Photovoltaik-Systemen, Windrädern oder Hybrid-Solar-Trocknern für Kräuter. Mittlerweile gibt es mehrere große Photovoltaikanlagen auf unserer Sekem-Wahat-Farm in der westlichen Wüste Ägyptens, zur Energieversorgung der Wohnhäuser, aber vor allem für den Betrieb der Bewässerungsanlagen.

In der Wüste bietet sich neben der Sonne auch der Wind zur Energiegewinnung an. Dazu forschen wir mit einem Test-Windrad.

Auch auf der Mutterfarm und an der Heliopolis Universität werden stetig Bemühungen zur Förderung des Einsatzes von Sonnenenergie unternommen, insbesondere durch die Forschung und Schulung von Fachleuten. An Sekems Berufsbildungszentrum haben die Lehrlinge in ihrer Ausbildung die Möglichkeit, sich auf Solarthermie- und Photovoltaik-Technologien zu spezialisieren. Und an der Heliopolis Universität werden Ingenieur-Student:innen und –Dozent:innen (auch von anderen ägyptischen Universitäten) in spezifischen Fortbildungsprogrammen weitergebildet.

So haben wir unser Ziel in diesem Bereich optimiert und wollen nun bis Ende 2023 in allen Sekem-Institutionen zu 100 Prozent mit erneuerbaren Energien arbeiten. Ende 2021 konnten wir dies für die Heliopolis Universität bereits erreichen.

Für die Umsetzung des Ziels steht unser Unternehmen *EcoEnergy* zur Verfügung. Es hat die Lizenz, erneuerbare Energiekonzepte zu entwerfen, umzusetzen und mit dem öffentlichen Stromnetz zu verbinden. Die Firma verkauft dann den grünen Strom an die Sekem-Einrichtungen. So könnte *EcoEnergy* auf längere Sicht auch die umliegenden 13 Dörfer mit erneuerbarer Energie versorgen. Ziel ist es,

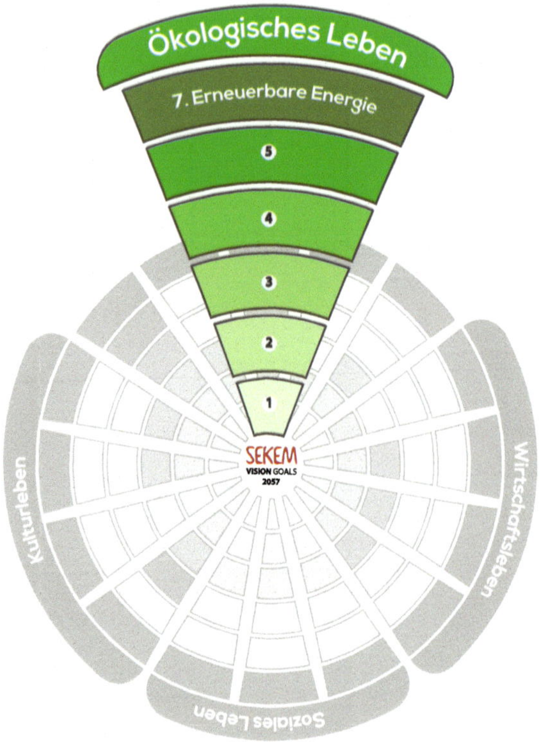

12 laufende Projekte & Aktivitäten, darunter:

- Solarbetriebene Wasserpumpen-Anlage
- Energiekonzepte für das öffentliche Stromnetz

dass dieser Strom preisgleich mit dem konventionellen ist, im besten Fall sogar günstiger.

Ein weiterer Schritt ist die E-Mobilität. Mit unserem nachhaltig erzeugten Strom können wir bereits einige Elektrofahrzeuge in Sekem einsetzen. Bis 2027 sollen alle von Sekem eingesetzten Fahrzeuge über erneuerbare Energien betrieben werden.

In den vergangenen Jahren scheint im Hinblick auf das Potenzial von regenerativer Energiegewinnung in Ägypten ein neues Bewusstsein entstanden zu sein. Immer mehr große Anlagen, sowohl für Sonnen- als auch Windenergie werden angelegt. Das liegt auch daran, dass der Preis für Solarenergie in Ägypten bereits heute billiger ist als für die Energie, die durch Diesel-Generatoren erzeugt wird, wenn es keinen Zugang zum öffentlichen Stromnetz gibt. Hier sehen wir unsere Aufgabe insbesondere darin, Kompetenzen zu vermitteln, zu forschen und die eigenen Mitarbeiter so auszubilden, dass sie die Installationen zuverlässig betreuen können.

INSPIRATION: REGENERATIVE ENERGIEGEWINNUNG RUNDUM

Die Pivot-Bewässerungssysteme auf unserer Wahat-Farm werden zu 100 Prozent über erneuerbare Energien betrieben. Wir haben hier viel geforscht, um nicht nur die Wasserpumpen unserer Bewässerungsanlagen von Dieselgeneratoren auf erneuerbare Energien umzustellen, sondern auch die Pivot-Anlage an sich, also die rotierenden Reifen, über Sonnenenergie anzutreiben. Geplant und designt werden die Anlagen von den Dozent:innen und Studierenden der Fakultät für Ingenieurwesen an der Heliopolis Universität. Und um die Installation, Inbetriebnahme und Instandhaltung kümmern sich Auszubildende des Sekem-Berufsbildungszentrums.

Wir haben zudem kleine Solar-Anlagen für unsere Bauern entwickelt. Mit 5-kW-Wasserpumpen können sie ihre Dieselgeneratoren zur Bewässerung ersetzen und mit einem 2-kW-Modell ihr Haus mit Energie versorgen. Die nachhaltige Energiegewinnung verursacht ihnen keine höheren Kosten als die konventionellen Alternativen. Und zur Anschaffung dient ihnen unser Mikrokredit-Programm.

Vision (SVG 8):

Biologische Vielfalt

Ägypten 2057: Die biologische Vielfalt wächst und entfaltet sich!

Der Schutz natürlicher Ökosysteme ist wichtig für den Erhalt der Artenvielfalt. Aber das allein ist nicht ausreichend. Die Hälfte des bewohnbaren Landes auf der Erde besteht aus landwirtschaftlichen genutzten Flächen, die von Menschen bearbeitet werden. Dadurch sinkt die Biodiversität in der Regel. Es ist also äußerst wichtig, diese landwirtschaftlichen Systeme so umzugestalten, dass sie Diversität fördern.

Auf ökologisch betriebenen Feldern gibt es durchschnittlich ein Drittel mehr unterschiedliche Arten und doppelt so viele Organismen

Ein Beispiel für bedrohte Arten ist die ägyptische Biene Apis Mellifera Lamarckii

wie auf einer gleichgroßen Fläche, die konventionell bewirtschaftet wird. Die fruchtbare Bodenstruktur und vielfältige Fruchtfolgen in der Öko-Landwirtschaft tragen zu dieser größeren Biodiversität bei. Auch der Anteil an Hecken oder unberührten Wiesen, die etwa bei der biologisch-dynamischen Agrikultur vorgeschrieben sind, bilden Lebensräume für eine höhere Artenvielfalt.

Wir arbeiten in Sekem außerdem agroforstwirtschaftlich, das heißt, die Pflanzung von Bäumen bildet einen wichtigen Bestandteil für unser Verständnis einer nachhaltigen Natur-Kultur ist. Bis 2027 wollen wir eine Million weitere Bäume pflanzen, wovon die Artenvielfalt profitieren wird. Wir unterstützen insbesondere unsere Bauern bei der Pflanzung von Bäumen, indem wir sie in unsere CO_2-Kompensierungsprogramme integrieren. So wird jeder Baum finanziert und dadurch auch die Steigerung der Biodiversität.

Über diese grundlegenden Beiträge hinaus wollen wir uns gezielt für den Erhalt bestimmter Arten einsetzen. Ein wichtiges Projekt ist

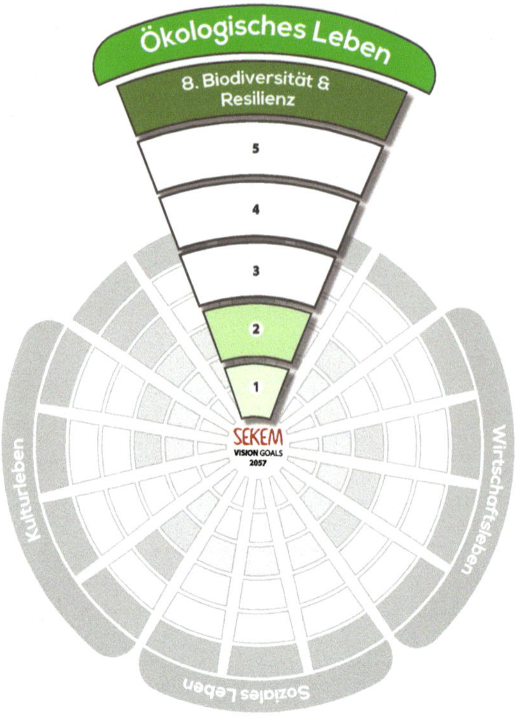

8 laufende Projekte & Aktivitäten, darunter:

- Biodiversität als wirtschaftliche Kennzahl
- Bestandsaufnahme und Beobachtung vorhandener Arten auf der Wahat Farm

dabei der Schutz der bereits nahezu ausgestorbenen ägyptischen Biene *Apis Mellifera Lamarckii*. Diese, wohl eine der ältesten Bienenarten überhaupt, wurde durch hochgezüchtete europäische Bienen verdrängt – das komplette Aussterben der ägyptischen Biene würde vermutlich drastische Auswirkungen auf das gesamte Ökosystem haben. Sekem ist inzwischen Heimat für 100 Bienenstöcke der Apis Mellifera Lamarckii und fördert ihren Erhalt in vielerlei Hinsicht, zum Beispiel über die Ausbildung von Imker:innen.

Wir arbeiten außerdem daran, dass die Biodiversität als Indikator in unsere Bilanzen und Forschungen einfließt, sodass sich der Nutzen einer biologischen Vielfalt beziehungsweise die Kosten, die durch den Schwund entstehen, auch deutlich in den wirtschaftlichen Zahlen widerspiegeln.

INSPIRATION: MONITORING DER BIODIVERSITÄT IN DER WÜSTE

Ein wichtiger Schritt zum Erhalt der Biodiversität ist die Überwachung und Bestandsaufnahme der vorhandenen Arten. Die Umwandlung des Ökosystems Wüste in ein Agrar-Ökosystem geht mit der Annahme einher, dass dies Auswirkungen auf die in diesem Gebiet lebenden Arten haben wird. Wir beforschen deshalb die Biodiversität unserer Wahat-Farm, indem wir zunächst den Bestand bestimmen und diesen dann überwachen. Solche Forschungen werden zum festen Bestandteil des Landwirtschaftsstudiums an der Heliopolis Universität, damit wir dafür Sorge tragen können, dass unsere Agrikultur die Biodiversität fördert.

Biologisch-dynamische Landwirtschaft leistet einen wichtigen Beitrag gegen die Erderwärmung

VISION (SVG 9): KLIMANEUTRALITÄT

Ägypten 2057: Das Land ist klimaneutral, denn es wird kein CO_2 ausgestoßen, das die Natur nicht wieder aufnehmen kann!

Wir wollen einen maßgeblichen Beitrag dazu leisten, dass Ägypten Klimaneutralität erreicht. Bis 2027 wollen wir eine Million Bäume pflanzen, womit 33.000 Tonnen CO_2 jährlich gebunden werden. Aber die Bäume leisten nur einen verhältnismäßig kleinen Beitrag. Etliche andere unserer zuvor genannten Aktivitäten und Erfahrungen, insbesondere die nachhaltige Agrikultur, bieten Lösungsmodelle für die Bekämpfung des Klimawandels.

Industrielle Land- und Forstwirtschaft sind im Hinblick auf die vergangenen 200 Jahre die größten Verursacher für Klimaschäden. Sie sind für knapp 24 Prozent[47] der weltweiten Treibhausgasemissionen verantwortlich.[48] Das bedeutet im Umkehrschluss auch, dass eine nachhaltige Agrikultur die besten Lösungen für die Abschwächung des Klimawandels bietet.

Schauen wir uns das Beispiel Ägypten an: Der CO_2-Ausstoß in Ägypten lag im Jahr 2020 bei rund 300 Millionen Tonnen. Forschungen auf unseren eigenen Feldern haben gezeigt, dass die biologisch bebauten Böden ein Äquivalent von mehr als drei Tonnen CO_2 pro Jahr und Hektar binden. Wenn also die komplette landwirtschaftlich genutzte Fläche des Landes (rund 3,8 Millionen Hektar) biologisch bewirtschaftet werden würde, könnten damit bereits über 11 Millionen Tonnen eingespart werden plus der 32 Millionen Tonnen, die 2020 von der konventionellen Landwirtschaft produziert wurden.

Und global sieht es ähnlich aus. Die weltweit landwirtschaftlich genutzten Flächen (1,6 Milliarden Hektar) hätten, wenn sie nachhaltig bewirtschaftet würden, laut Weltklimarat das Potenzial, 8,6 Gigatonnen CO_2 im Jahr zu binden[49] (gut fünf Tonnen CO_2/Hektar/Jahr). Wenn wir nur von dem von uns errechneten Minimalwert ausgehen (drei Tonnen CO_2/Hektar/Jahr) würden die 1,6 Milliarden Hektar durch eine biologische Bewirtschaftung knapp fünf Gigatonnen CO_2 einsparen.

Weiteres Potenzial bietet die Pflanzung von Bäumen. Für einen gesunden landwirtschaftlichen Kreislauf beim Anbau in der Wüste ist es sinnvoll, ungefähr 220 Bäume pro Hektar zu pflanzen, die zusammen durchschnittlich 5,5 Tonnen CO_2 im Jahr binden. Im Falle einer flächendeckenden Agrikultur im biologisch-dynamischen Sinne käme man damit auf weitere 8,8 Gigatonnen CO_2-Einsparungen. Und hierbei ist noch nicht das Potenzial der Wälder miteinberechnet, sondern es wurden ausschließlich die Bäume auf landwirtschaftlichen Flächen berücksichtigt.

Außerdem hilft der Verzicht auf Kunstdünger und Pestizide im biologischen und biologisch-dynamischen Landbau bei der Abschwächung des Klimawandels. Alleine für die Herstellung von Stickstoffdünger wird extrem viel Energie verbraucht. Dies verur-

47 IPPC, Climate Change Report. 2014 | 48 Landwirtschaftlich genutzte Energie oder Transport sind nicht berücksichtigt, sondern ausschließlich Faktoren wie Stickstoff aus den Böden, Verbrennung von Biomasse, Düngerherstellung, Tierhaltung oder Bewässerung. | 49 IPPC, Climate Change Report. 2014

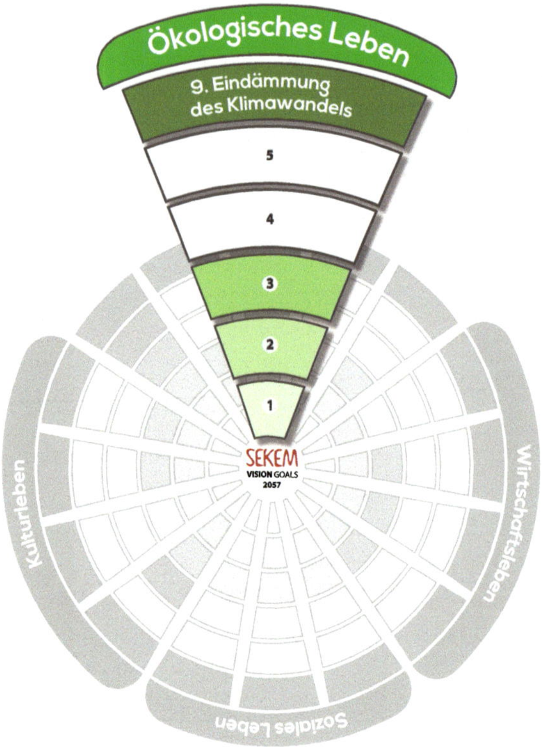

9 laufende Projekte & Aktivitäten, darunter:

- Generierung hochwertiger CO2-Zertifikate und Aufbau eines Emissionshandels

sacht weltweit bis zu 0,6 Gigatonnen CO_2 im Jahr, ganz zu schweigen von den hohen Lachgasemissionen (bis zu 300-mal stärker und klimaschädlicher als CO_2), die durch die Stickstoffdüngung entstehen und dem Grundwasser und der Luft starke Schäden zufügen.

Mit diesen Einsparungen (fünf Gigatonnen im Boden, 8,8 Gigatonnen durch Bäume und 0,6 Gigatonnen Verzicht auf Pestizide) durch eine komplette Umstellung auf bio-dynamische Agrikultur würden rund 14,5 Gigatonnen CO_2 der weltweiten Treibhausgasemissionen verhindert werden – also über ein Drittel des weltweiten Ausstoßes. Zum Vergleich: 2019 lag der weltweite CO_2-Ausstoß bei 36,4 Gigatonnen.

Zwei weitere Aspekte sind uns bei der Bekämpfung des Klimawandels wichtig: Die Forschung und die Kommunikation beziehungsweise Aufklärungsarbeit. An der Heliopolis Universität und dem an die Bildungseinrichtung angeschlossenen *Carbon Footprint Center* werden die Quellen von Treibhausgasemissionen identifiziert und an innovativen Lösungen geforscht. In der Praxis und Lehre der Studierenden, aber auch über die Fortbildung und Spezifizierung von Lehrpersonal aus ganz Ägypten wird Bewusstsein geschaffen,

INSPIRATION:
POSITIVE CO_2-BILANZ IN DER WÜSTE

Sekem ist seit vielen Jahren klimapositiv. Auf unserer Wüstenfarm in Wahat können wir nun zeigen, wie dies durch nachhaltige Agrikultur möglich ist und wie dadurch gleichzeitig noch der CO_2-Abdruck von vielen Menschen neutralisiert wird. 2021 konnten wir durch die CO_2-Bindung in den Bäumen und Böden sowie durch den Einsatz von Kompost und erneuerbaren Energien insgesamt fast 14.000 Tonnen CO_2 binden beziehungsweise einsparen (dies entspricht den Emissionen von 5.600 Ägypter:innen). Mit dem Ausbau der landwirtschaftlichen Aktivitäten auf der Farm werden wir damit im Jahr 2027 auf über 69.000 Tonnen kommen. Das entspräche laut aktueller Zahlen den CO_2-Emissionen von rund 27.000 Ägypter:innen. Zum Vergleich: In der Oase Wahat El-Bahareyya, in der sich unsere Farm befindet, leben rund 40.000 Menschen.

Aufklärung betrieben und Know-how verbreitet. Das *Carbon Footprint Center* betreut die Kompensationen von CO_2 für Sekem sowie weitere Unternehmen im Land und international.

Kürzlich haben wir und alle unsere Mitarbeitenden unsere individuellen Fußabdrücke ermittelt und errechnet, wieviele Erden wir bräuchten, um unseren Lebensstandard zu halten. Das Resultat schockierte: obwohl niemand von uns im Luxus lebt, waren durchschnittlich 2,5 Erden ein ernüchterndes Ergebnis. Jetzt arbeiten wir an der Verbesserung der wesentlichen Faktoren, und werden diese Umfrage im nächsten Jahr wiederholen.

WIRTSCHAFT

Inspirationen für eine Wirtschaft der Liebe

Wenn nicht mehr Zahlen und Figuren
Sind Schlüssel aller Kreaturen
Wenn die, so singen oder küssen,
Mehr als die Tiefgelehrten wissen (…)
Und man in Märchen und Gedichten
Erkennt die wahren Weltgeschichten,
Dann fliegt vor Einem geheimen Wort
Das ganze verkehrte Wesen fort.

Novalis

Die Wirtschaft ist ein ebenso bedeutsamer Teil der Sekem-Vision wie die Umwelt, Kultur oder das Soziale. Sekems Wirtschafts-Dimension korrespondiert mit allen anderen Dimensionen, indem die wirtschaftliche Aktivität die anderen Bereiche fördert. Umgekehrt ist der wirtschaftliche Erfolg von guten Rohstoffen, rechtlichen Strukturen sowie menschlichem Potenzial und Geistesgut abhängig – Wirtschaft braucht die Impulse aus allen Dimensionen und macht diese gleichzeitig erst möglich. Etliche Probleme der heutigen Zeit scheinen daraus zu resultieren, dass der wirtschaftliche Aspekt über die anderen Dimensionen dominiert. So wird vorrangig die Entwicklung der Menschen gefördert, um eine erfolgreiche Wirtschaft zu sichern, anstatt andersherum, die Wirtschaft so zu gestalten, dass sie der Entwicklung der Menschen dient. Wirtschaft sollte zum einen den Menschen nutzen, die die Produkte herstellen, indem sie zum Beispiel eine faire Entlohnung für ihre Arbeit erhalten, die ihnen das Führen eines sinnvollen Lebens ermöglicht; und die erzeugten Produkte sollten wiederum eine positive Wirkung auf die Konsument:innen haben. Dieser wohl ursprünglichste Sinn von wirtschaftlichem Handeln scheint in der heutigen Realität ganz in den Hintergrund getreten. Anonymität, Shareholder Value, Konsum, Monopolisierung, die Interessen Einzelner und immer stärker wachsende Ungleichheiten definieren das heutige Wirtschaftsleben.

Diese Situation, in der wir uns derzeit befinden, lässt sich mithilfe der beschriebenen Bewusstseinszustände (siehe Kapitel *Kontext und Zeitgeschehen*) besser verstehen. In dem momentan vorherrschenden Bewusstsein beginnt das Interesse der Menschen meist bei sich selbst. Persönlicher Wohlstand, Statussymbole und dergleichen sind von Bedeutung. Dahinter oder daneben erblindet die Wahrnehmung. Das ist kein böser Wille, sondern fehlendes Bewusstsein für die größeren Zusammenhänge. Wenn aber die gesamte Weltbevölkerung sich so ausleben würde, wie dies vor allem in den Industrienationen momentan der Fall ist, überstiege dies die Toleranzgrenze der Erde. Dazwischen liegt der erforderliche Balanceakt.

Der Wirtschaft wieder ihren eigentlichen Sinn zu geben, ist Teil der Sekem-Vision; eine eigentlich offensichtliche und selbstverständliche Aufgabe, nicht zuletzt, weil alle Erkenntnisse der Gelehrten aus Orient wie Okzident sowie die Forscher:innen der Moderne klar und deutlich dazu aufrufen.

Ibrahim Abouleish hat das Sekem-Wirtschaftsmodell eine *Wirtschaft der Liebe* genannt. Er hat aus Islam und Christentum zunächst die zentrale Botschaft der Liebe entnommen, um die Notwendigkeit einer Liebestat in der Wirtschaft grundlegend darzustellen.

Immer wieder wird im Islam, wie auch in anderen Weltreligionen, die Liebe und die Liebestat als höchstes Ideal dargestellt, an das kein weltlicher Reichtum heranreicht. So heißt es im Koran: *Das Vermögen und die Kinder sind der Schmuck des diesseitigen Lebens. Was aber bleibt, die guten Werke – sie bringen bei deinem Herrn einen besseren Lohn und begründen eine bessere Hoffnung.*[50] Oder noch eindeutiger: *Ihr werdet die Liebe nicht erlangen, bis ihr von dem spendet, was ihr liebt.*[51]

Neben dieser zentralen Botschaft, die Grundlage für das Umsetzen einer *Wirtschaft der Liebe* in Sekem ist, wurzeln noch weitere wesentliche Werte für ein solidarisches Wirtschaftsmodell im Islam: Dankbarkeit, Demut, Geschwisterlichkeit, soziale Verantwortung und Ähnliches. In Sure 16,90 wird etwa die Bedeutung von Gerechtigkeit beschrieben: *Allah gebietet, Gerechtigkeit zu üben, Gutes zu tun und die Nächsten zu beschenken. Er verbietet das Schändliche, das Verwerf-*

liche und die Gewalttätigkeit. Wenn wir all diese Werte ernstnehmen, ist unsere *Wirtschaft der Liebe* nur eine logische und konsequente Umsetzung.

Im heutigen wirtschaftlichen Handeln ist, unter anderem durch die immer komplexer, abstrakter und intransparenter werdenden Strukturen der Globalisierung, jeglicher direkte aber auch jeder emotionale Bezug zu einem Produkt – und damit beinahe alles Ethische – verlorengegangen. Ibrahim Abouleish hat diesen Bezug und den sozialen Grundgedanken einer *Wirtschaft der Liebe* besonders in Rudolf Steiners Konzept des assoziativen Wirtschaftens wiedergefunden. „Als ich (…) durch Italien gefahren war und die landwirtschaftlichen Höfe besucht hatte, war mir rasch klar geworden, dass eine der wichtigsten Voraussetzungen für ein erfolgreiches Wirtschaften bei allem, was ich kennenlernte, doch fehlte: das Bewusstsein für Assoziationen."[52] Assoziatives Wirtschaften meint den Zusammenschluss von Konsument:innen, Händler:innen und Produzent:innen mit dem Ziel, sinnvolle Produkte herzustellen und allen Beteiligten einen gerechten Anteil an der Wertschöpfungskette zu geben. Assoziationen sind Lenkungsorgane im Wirtschaftsleben, die angefangen beim Konsumentenbedürfnis einen gerechten Anteil für alle an der Herstellung beteiligten Parteien ermitteln; und alle an der Wertschöpfung und am Konsum beteiligten Parteien sind Teil einer solchen Assoziation. „Eine Assoziation baut also auf Vereinbarungen auf, die allen Beteiligten Sicherheit geben. Die Grundlage der Assoziation ist somit das gegenseitige Vertrauen oder mit anderen Worten: ein auf Brüderlichkeit gegründetes Wirtschaften."[53] In einem islamischen Hadith heißt es dazu: *Keiner von euch ist gläubig, solange er nicht für seinen Bruder wünscht, was er für sich selbst wünscht.* [54]

Ein anfängliches Beispiel für einen solchen assoziativen, geschwisterlichen Ansatz ist das Netzwerk aus Bauern, Betrieben und Sekem-Handelspartnerschaften. Unsere Partner etwa in Europa sind Teil von Assoziationen und fördern vergleichbare Werte, eine Form der *Wirtschaft der Liebe.*

Blicken wir weiter in den Koran, finden sich dort zu den einzelnen Kriterien einer *Wirtschaft der Liebe* auch Hinweise, die wir direkt oder im übertragen Sinne in Sekem aufgegriffen haben beziehungsweise mit unserer Vision 2057 in der Praxis fördern. Ein wichtiger

52 Die Sekem Symphonie, S.82 | 53 Die Sekem Symphonie, S.83 | 54 Al-Bukhari, Buch 2, Nr. 13.

„Allah gebietet, Gerechtigkeit zu üben, Gutes zu tun und die Nächsten zu beschenken", heißt es im Koran

Grundgedanke ist der, dass Geld niemals angehäuft und gehortet werden, sondern stets in Umlauf sein sollte, damit es sinnvoll für die Menschen wirken kann. So heißt es im Koran: *O ihr, die ihr glaubt, wahrlich, viele der Schriftgelehrten und Mönche verzehren das Gut der Menschen zu Unrecht und wenden sich von Allahs Weg ab. Und jenen, die Gold und Silber horten und es nicht für Allahs Weg verwenden – ihnen verheiße schmerzliche Strafe.*[55]

Ebenso deutlich wird in einem Hadith berichtet, wie der Prophet Mohammed sagte: *Verschließe deinen Geldsack nicht, sonst wird auch Allah Seine Segnungen vor dir verschließen. Gib auf Allahs Weg aus, soviel du kannst.*[56]

Solche Aussagen weisen nicht nur auf die obligatorische islamische Ausgleichssteuer *zakāt* hin, sondern zeigen auch Parallelen zu Gedanken, die Rudolf Steiner entwickelte, und die für ein zukunftsfähiges Wirtschaftsmodell von Wichtigkeit sind: „Das Kapital muss

55 Sure 9,34 | 56 Al-Bukhari 1434, Buch 24, Nr. 37

soweit verbraucht werden, dass lediglich noch das bleibt, was als eine Art von Saat für die weitere Anfachung des volkswirtschaftlichen Prozesses, wiederum von der Natur aus, aufgefasst werden kann."[57]

Die *Wirtschaft der Liebe* verbietet in keiner Weise das Profitmachen, es geht vielmehr darum, dass der erwirtschaftete Gewinn wieder den Menschen zugutekommt, indem das Geld nicht untätig daliegt, sondern beispielsweise in das Kulturleben, oder aber auch in die Förderung der Natur angelegt wird. Diesen Gedanken finden wir auch im Koran, wenn dort auf einen ausgewogenen Umgang mit Geld und Eigentum hingewiesen wird: *Und die, wenn sie spenden, weder verschwenderisch, noch zurückhaltend sind, sondern die Mitte dazwischen halten.*[58] Außerdem bemühen wir uns in Sekem, dass die Gewinn einbringenden Betriebe den gerechten Preis an die Agrikultur zahlen – denn die Agrikultur ist ja in dem heutigen globalen Wirtschaftssystem mit den verzerrten Marktpreisen nicht mehr in der Lage, sich selbst zu tragen.

Wir betrachten Erfolg oder wirtschaftliche Konkurrenzfähigkeit nicht als negativ, sondern vielmehr als notwendige und wertvolle Beiträge für die Anwendung und Förderung geistiger Leistung. Reichtum kann auch an der Entwicklung des Geistes gemessen werden, was sich wiederum im finanziellen Wachstum äußert: Wer geistreich wirtschaftet, generiert mehr Geld. Von Bedeutung ist stets der Umgang mit dem erwirtschafteten Mehrwert.

Immer wieder gibt es im Koran konkrete Angaben zum Teilen von Reichtum und zu der Gefahr einer Vermehrung von Geld ohne realen Bezug, insbesondere durch Zinsen. Das ursprüngliche Prinzip des freien Gebens hat sich allerdings schon früh zu einer obligatorischen und teilweise formalisierten islamischen Pflicht gewandelt. Die Zakāt-Spende ist Teil des Rechts geworden, das jeden Gläubigen und jede Gläubige mit einem gewissen Besitz dazu auffordert, bestimmte Prozentsätze des Eigentums jährlich für gemeinnützige Zwecke abzugeben, die der Entwicklung der Menschen oder der Natur zugutekommen. In diesem Zusammenhang lesen wir oft eine Sure, in der nicht nur der Zweck dieser Spenden näher beschrieben wird, sondern die prinzipiell einen interessanten Inhalt bezüglich einer *Wirtschaft der Liebe* enthält: *Die Liebe besteht nicht darin, dass ihr euer Gesicht nach Osten und nach Westen wendet. Sie besteht darin, dass man*

57 Rudolf Steiner, Nationalökonomischer Kurs, GA 340 | 58 Sure 25,67

In der Wirtschaft der Liebe geht es darum, die gesamte Wertschöpfungskette transparent zu machen und allen Beteiligten Chancengleichheit zu garantieren

an Allah, den Jüngsten Tag, die Engel, das Buch und die Propheten glaubt, und von dem Geld, obwohl man es liebt, den Verwandten, den Waisen, den Armen, den Reisenden, den Fragenden abgibt und es für die Befreiung der Unselbständigen (für die Menschheitsentwicklung) ausgibt, und dass man das Gebet verrichtet und die Abgabe entrichtet.[59]

Darunter verstehen wir die Förderung der Entwicklung der Menschen zum Beispiel durch Bildung und somit die Abgabe eines Teils der Gewinne an das Kulturleben. Dabei handelt es sich jedoch nicht um Almosen, sondern um ein freiwilliges Teilen. Wenn man von dem Geld abgibt, obwohl man es liebt, kann es in anderen Werten der Menschheit wieder zugutekommen. Denn: nicht nur das Materielle ist von Wert, sondern das Geistige ist auch in der Wirtschaft von großer Bedeutung, wie sich heute zum Beispiel in der Produktentwicklung zeigt. In der zuvor genannten Sure kann auch ein Hinweis auf unser Anliegen erkannt werden, aus dem Glauben, der Erkenntnis

59 Sure 57,7

oder der geistigen Leistung heraus immer zur Tat zu schreiten – die Liebe besteht nicht im Denken oder Beten („Gesicht nach Osten oder Westen wenden"), sondern im Geben, also einer aktiven Handlung.

In Sekem fließen die Gewinne der wirtschaftenden Betriebe insbesondere in das Kulturleben: Mindestens zehn Prozent kommen den Bildungseinrichtungen, der Forschung und der Gemeinschaftsentwicklung zugute. Diesen Ansatz hat Ibrahim Abouleish im anthroposophischen Dreigliederungs-Modell gefunden wie auch im Koran und in der islamischen Geschichte. So erklärte er die Blütezeiten des Islams in Bagdad und auf der iberischen Halbinsel auch damit, dass damals wohlhabende Machthaber ihre Reichtümer dafür ausgaben, Wissenschaft, Forschung und Kultur zu fördern, und ihre Minister und reichen Kaufleute es ihnen gleichzutun suchten. Die Reichensteuer, die *Zakāt*, zählt sogar zu den fünf Säulen des Islam. In einer der vielen Suren zu diesem Thema heißt es: *Glaubt an Allah und seinen Gesandten und spendet von dem, worüber Er euch zu Verwaltern eingesetzt hat. Denn für die von euch, die glauben und Spende geben, ist ein großer Lohn bestimmt.*[60]

Hier wird zudem darauf hingewiesen, dass Reichtum kein Eigentum ist, sondern der Mensch vielmehr ein treuhänderischer Verwalter von dem ist, was er aus der Natur erwirtschaftet hat.

In diesem Zusammenhang ist auch das islamische *Waqf* zu nennen, ein Stiftungsmodell, das während der islamischen Blütezeit in Cordoba entstand. Es macht das Eigentum von Privatleuten zu Gemeingut mit einem wohltätigen Zweck, der nicht unbedingt einen religiösen Bezug haben muss.

Auch bei unserer Arbeit an einem größeren Bewusstsein von Geben und Nehmen helfen uns Werte des Islam: *Wer ist es, der Allah ein schönes Darlehen leiht? Er wird es ihm vielfach verdoppeln. Und Allah ballt (nimmt) und spreizt (gibt). Und zu Ihm werdet ihr zurückgebracht.*[61]

Hier wird der bewusste Umgang, der stetige Fluss von Produkten oder Geld angesprochen. Maßvolles, ausbalanciertes Geben und Nehmen ist ein Schlüsselgedanke einer *Wirtschaft der Liebe*, denn in einem Bewusstsein über Geben und Nehmen sind Kriterien wie der Ursprung, die Auswirkungen der Produktion, das Teilen und die Notwendigkeit des gemeinsamen Tuns enthalten.

60 Sure 57,7 | 61 Sure 2,245

Die Firma NatureTex verarbeitet biologisch-dynamisch angebaute Biobaumwolle zu Textilien

40 Jahre Wirtschaft in der Wüste

Ein Gegenwartswert Sekems von rund zwei Milliarden Ägyptischen Pfund (vergleichbar einer Kaufkraft von ungefähr 440 Millionen Dollar nach Rechnung der Weltbank) spricht für sich – entstanden aus dem Nichts. Mit Blick auf diese Zahlen könnten wir zufrieden feststellen, dass in den vergangenen 40 Jahren erfolgreich gewirtschaftet wurde. Die Sekem-Firmengruppe umfasst heute Unternehmen, die verschiedenste Bedürfnisse abdecken: Angefangen bei der Agrikultur, über die Rohmaterial-Verarbeitung und Lebensmittelproduktion bis hin zur Textil- und Arzneimittelherstellung. In 40 Jahren konnte die Vision des Gründers insofern realisiert werden, als dass vielseitig biologisch-nachhaltig produziert wird. Der Großteil der Produkte wird auf dem lokalen Markt in Ägypten verkauft, rund 30 Prozent werden exportiert. Die Sekem-Firmen sind mittlerweile im internationalen Bio-Sektor bekannt als Zulieferer qualitativ hochwertiger Demeter-Ware. So finden sich Sekem-Rohstoffe in etlichen Produkten vieler großer Bio-Lebensmittelproduzenten wieder, und vorwiegend Kindertextilien werden von der Firma *NatureTex* für internationale Bio-Textillabels gefertigt. Die Demeter-zertifizierte Sekem-Marke kann online und zunehmend auch über den Fachhandel in Europa bezogen werden.

In Ägypten ist das Sekem-Unternehmen *Isis Organic* bereits seit Jahrzehnten nicht nur Bio-Pionier, sondern auch ägyptischer Marktführer im Bereich Kräutertees und kann sich damit gegenüber multinationalen Konzernen behaupten. Jede Apotheke im Land hat Sekem-Gesundheitstees und pflanzliche Arzneimittel der Firma *Atos Pharma* im Sortiment.

Nun stellen diese Erfolge aber längst noch nicht das gesamte Bild der Sekem-Vision für die Dimension Wirtschaft dar. Die Unternehmen wollen zwar konkurrenzfähig agieren, aber es soll doch immer der Mensch im Mittelpunkt stehen. Daher werden die Mitarbeitenden und Produzierenden vielseitig gefördert und die Profite der Unternehmen kommen der Gemeinschaft zugute. Darüber hinaus hat Sekem mittlerweile langjährige, vertrauensvolle Partnerschaften mit nachhaltig ausgerichteten Finanzinstitutionen aufgebaut.

Herausforderungen und Chancen

Jahrtausendelang war das Standbein der ägyptischen Ökonomie die Landwirtschaft. Seit den 1960er Jahren geht der Anbau jedoch stetig zurück. Von Tag zu Tag schwindet fruchtbares Land während die Bevölkerungszahl steigt. So liegt der Anteil der Landwirtschaft am Bruttoinlandsprodukt aktuell nur noch bei 13 Prozent und lediglich knapp 30 Prozent der Menschen sind im Landwirtschaftssektor beschäftigt. Die Zukunftsaussichten versprechen keine Besserung. Das geringe Wasservorkommen, die wenigen fruchtbaren Flächen, anhaltende Bodenerosionen, die starken Auswirkungen des Klimawandels in Kombination mit dem rasanten Wachstum der Bevölkerung erhöhen den Druck, die Nahrungsmittelsicherheit zu gewährleisten. Pestizide und Kunstdünger zerstören Boden und Wasser und die Luft wird durch verschiedenste Faktoren immer stärker verschmutzt. Ägyptens Abhängigkeit von importierten Grundnahrungsmitteln wächst also stetig – das Land zählt beispielsweise zu den größten Weizen-Importeuren weltweit. Die industrielle Landwirtschaft bietet insbesondere den rund sieben Millionen Kleinbauern Ägyptens keine Chance mehr wirtschaftlich zu überleben. Grund dafür ist unter anderem, dass die Wertschöpfungsketten aus der Balance geraten sind. In Ägypten ist der Endverbraucherpreis nicht selten um ein fünffaches höher als das, was der Erzeuger erhält. Es braucht ein komplett neues System, damit der gesamte landwirtschaftliche Sektor überhaupt eine Zukunft hat. Und das obwohl wir weltweit, und in Ägypten ganz besonders, von den Auswirkungen so existenziell abhängig sind, die die Landwirtschaft auf das Ökosystem und die Gesellschaft hat.

Die Industrie stellt zwar nur 17 Prozent aller Arbeitsplätze zur Verfügung, trägt aber zu fast 40 Prozent des Bruttoinlandsproduktes bei. Doch der Schein trügt. Der auf den ersten Blick vielversprechend scheinende Industriesektor ist hauptsächlich auf Geschäftsbereiche ausgerichtet, die langfristig nicht entwicklungsfähig sind. Die ägyptische Industrie ist rohstoffbasiert, während der Industriesektor global heute schon viel stärker auf Wissen, Fachkenntnis und Technologie ausgerichtet ist und es in Zukunft noch stärker sein wird. Erdölverarbeitung, Zement-, Düngemittel-, Eisen-, Stahl- und Aluminiumerzeugung machen einen großen Anteil in Ägypten aus – also nicht nachwachsende Rohstoffe, die nicht im Kreislauf bleiben können und damit keine Zukunftsperspektiven bieten. Es braucht dringend einen neuen Ansatz.

Der Dienstleistungsbereich ist der größte Wirtschaftszweig Ägyptens, der über die Hälfte der Arbeitsplätze ausmacht. Aber auch hier ist man wenig auf zukunftsrelevante Leistungen ausgerichtet. Grund dafür ist unter anderem das Bildungssystem Ägyptens, das als eines der schlechtesten weltweit eingestuft wird. Hier mangelt es stark an innovativen Ansätzen, die die große Anzahl an jungen Menschen in Ägypten überhaupt dazu befähigen, den unterschiedlichen Anforderungen der Dienstleistungen von morgen nachkommen zu können.

Zum kommerziellen Finanzsektor gibt es derzeit keine Alternative, obwohl ethische Ansätze in islamischen Kulturräumen die besten ideellen Voraussetzungen dafür bieten würden. Banken und Investitionsgesellschaften sind in erster Linie auf schnelle Gewinne aus. Die Arbeitslosenquote in Ägypten ist hoch, sie betrifft hauptsächlich Frauen und Jugendliche. Die daraus resultierende Armut und die zunehmenden Einkommensunterschiede setzen Wirtschaft und Politik unter Druck. 2011 hat die Weltbank 25 Prozent der ägyptischen Bevölkerung als unterhalb der nationalen Armutsgrenze lebend eingestuft. Die kleine aber immer wohlhabender werdende Oberschicht, die finanziell ohne Weiteres in der Lage wäre, ein nachhaltiges Produkt zu wählen, greift lieber zu den imagestarken Angeboten der multinationalen Konzerne und charakterisiert sich durch einen Konsum, bei dem Prestige über Qualität und Nachhaltigkeit geht. Die maßgebliche Mittelschicht ahmt dieses Konsumverhalten immer mehr nach. Das Wirtschaftsleben Ägyptens kann in dieser Form kaum auf heutige und zukünftige Herausforderungen antworten.

VISIONSZIELE: WIRTSCHAFT

Sekems Vision von Ägypten im Jahr 2057 für den Bereich Wirtschaft und wie wir zu ihrer Realisierung beitragen wollen.

VISION (SVG 10):

KREISLAUFWIRTSCHAFT

Ägypten 2057: Die Unternehmen im Land praktizieren Kreislaufwirtschaft und Ägypten ist ein Vorzeigemodell für Abfallreduktion und -management!

Für uns ist die Kreislaufwirtschaft ein unumgänglicher Lösungsansatz, um den Herausforderungen der steigenden Ressourcenknappheit und der enormen Abfallproduktion entgegenzuwirken. Die Massen an Müll werden noch vielen Generationen in Ägypten zur Last fallen. Und aktuellen Schätzungen der Weltbank zufolge soll bis 2050 sogar noch 70 Prozent mehr Müll produziert werden als heute. Dabei ist die Lösung

Angestrebtes Ziel: : Verpackungen bis 2027 zu 100 Prozent kompostierbar machen

eigentlich so einfach. Die Natur macht es uns vor: Es gibt keinen Müll, sondern nur Rohstoffe am falschen Ort. In der Kreislaufwirtschaft wird Müll wertvoll gemacht, sodass kein Rohstoff verloren geht. Er erfüllt stattdessen in anderer Form einen Nutzen. Um dies zu erreichen müssen wir die kompletten Herstellungs- und Nutzungsprozesse einbeziehen. Beginnend beim Design wollen wir ausschließlich Produkte mit wiederverwendbaren Materialien entwickeln, zum Beispiel mit recycelbaren Rohstoffen oder hochwertigen Wertstoffen, die nach dem Ende der Nutzung des einen Produkts bei der Herstellung eines neuen zum Einsatz kommen können. Außerdem brauchen wir effiziente Herstellungs- und Verarbeitungstechniken etwa durch den Einsatz von Abwasser oder -wärme. Und wir wollen eine längere Lebensdauer von Produkten durch entsprechendes Design, durch Teilen, Reparieren oder Umfunktionieren fördern. Schließlich geht es in der Kreislaufwirtschaft um Wiederverwertung; also darum, die Grundstoffe aus gebrauchten Produkten wiederzugewinnen und neu einzusetzen.

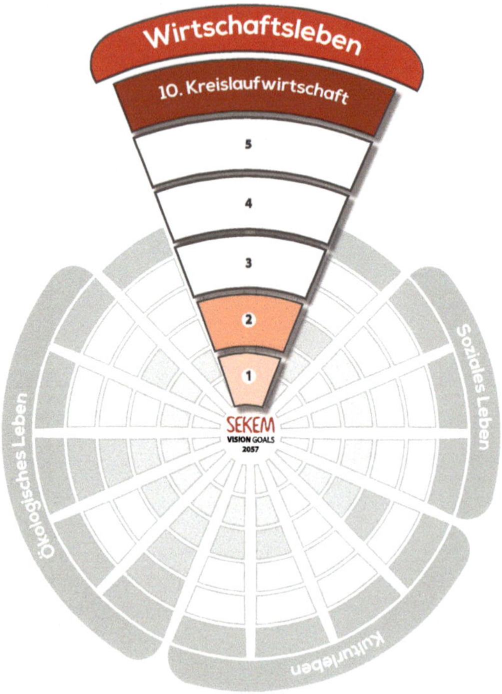

2 laufende Projekte & Aktivitäten, darunter:

- Abfallentsorgungssystem für die SEKEM Wirtschaftsbetriebe und Gemeinschaft
- Verwertung aller organischen Abfälle

Dieses regenerative Wirtschaftssystem möchten wir zunächst selber flächendeckend einführen. Dazu sollen alle Prozesse geprüft und an die C2C-Prinzipien entsprechend angepasst werden. Das C2C-Prinzip (Cradle-to-Cradle, sinngemäß vom Ursprung zum Ursprung) beschreibt Produkte, die entweder als biologische Nährstoffe in biologische Kreisläufe zurückgeführt werden können oder als „technische Nährstoffe" kontinuierlich in technischen Kreisläufen gehalten werden können. Die C2C-Zertifizierung bewertet fünf Kriterien: Materialgesundheit, Kreislauffähigkeit, Einsatz erneuerbarer Energien, verantwortungsvoller Umgang mit Wasser und soziale Gerechtigkeit. Diese Themen bindet die Heliopolis Universität in ihre Lehrpläne ein und kooperiert mit dem internationalen Cradle to Cradle e.V., der es sich zur Aufgabe gemacht hat, Lobbyarbeit für das Umdenken und Umsetzen hin zu einer Kreislaufwirtschaft zu betreiben. Gemeinsam mit Cradle to Cradle e.V. bauen wir Wissen und Kompetenzen rund um die Kreislaufwirtschaft aus, um so weitere Anwendungsmodelle zu entwerfen.

Grundsätzlich reduzieren wir den Müll unserer Institutionen stetig, sodass 2020 nur noch zwölf Prozent nicht recyclebar waren (2010 waren es noch 42 Prozent). Und bis 2027 wollen wir alle unsere Verpackungen so umgestaltet haben, dass sie zu 100 Prozent kompostierbar sind und wir keinen nicht-recyclebaren Müll mehr hinterlassen.

INSPIRATION:
KOMPOST

Kompost ist das beste Beispiel dafür, wie vermeintlicher Abfall in einem anderen Kontext großen Nutzen bringt. Wir verwenden alle unsere biologischen Abfälle, aus der Landwirtschaft ebenso wie aus den Firmen, zur Kompostierung. Damit sie nicht auf der Müllhalde landen und so durch die Freisetzung von Methangasen der Umwelt schaden, führen wir sie in den biologischen Kreislauf zurück. In Kombination mit dem Dung unserer Kühe und biologisch-dynamischen Pflanzenpräparaten werden die biologischen Abfälle zum idealen Düngemittel für unsere Böden. Ohne Kompost könnten wir Wüstenboden nicht begrünen und vor allem nicht langfristig fruchtbar halten.

VISION (SVG 11): WIRTSCHAFT DER LIEBE

Ägypten 2057: Die Unternehmen in Ägypten arbeiten auf der Grundlage eines Standards der Wirtschaft der Liebe, der transparent ist und die tatsächlichen Kosten berücksichtigt!

Es war bereits davon die Rede, wie wir schon vor Jahrzehnten begonnen haben, eine *Wirtschaft der Liebe* umzusetzen und diese in vielen Bereichen längst praktizieren, Dennoch handelt es sich bei dem Anliegen, die komplette Wertschöpfung und alle daran Beteiligten sichtbar zu machen und gleichberechtigt zu fördern, um eine Jahrhundertaufgabe. Wir wollen diese bis 2057 gezielt voranbringen und in Ägypten systemrelevant machen. Dazu haben wir gemeinsam mit lokalen und internationalen Kontrollstellen Standards zur Zertifizierung der *Wirtschaft der Liebe* beziehungsweise der *Economy of Love* (EoL) entwickelt.

Demeter- oder Fairtrade-Standards gelten bei der EoL-Zertifizierung als Mindestvoraussetzungen. Denn in der *Wirtschaft der Liebe* werden nicht nur die Bäuer:innen oder die Händler:innen berücksichtigt, die das Roh- und Verpackungsmaterial für ein Produkt liefern, sondern auch der Waldarbeiter, der den Baum für das Papier fällt, aus dem etwa eine Packung hergestellt ist, oder der Fahrer, der das Papier transportiert. Wir wollen von Anfang bis Ende Transparenz gewährleisten, nicht zuletzt, weil wir davon überzeugt sind, dass Kund:innen erst dann eine mündige Kaufentscheidung treffen können. Auf das Wesentliche zusammengefasst wollen wir erreichen, dass Konsument:innen in der Lage sind, vier grundlegende Fragen in Bezug auf das von ihnen gewählte Produkt zu beantworten, nämlich:

1. Welche Auswirkungen hat das Produkt und dessen Herstellung auf die soziale und gesellschaftliche Umgebung?
2. Welche Auswirkungen hat das Produkt und dessen Herstellung auf die Umwelt und Natur?
3. Welche Auswirkungen hat das Produkt und dessen Herstellung auf die Entwicklung und Potenzialentfaltung der Menschen?
4. Wie ist der wahre Preis des Produktes?

Erst wenn so viel Transparenz geschaffen wurde, dass sich diese vier Fragen zufriedenstellend beantworten lassen, kann auch Sorge dafür getragen werden, dass die wirtschaftliche Aktivität weder Umwelt noch Menschen schadet, sondern dass sie diese stattdessen fördert.

Die Einbeziehung der vier Dimensionen in die transparente Sichtbarmachung ist einer der größten Unterschiede im Vergleich zu anderen Standards. Der kulturelle Aspekt, also die Frage danach, wie ein Produkt sowohl die Potenzialentfaltung der Verbraucher:innen als auch der Produzent:innen beeinflusst, wird in der Produktion bislang wenig bis gar nicht berücksichtigt. *EoL* soll ein multidimensionaler Standard für eine ganzheitlich nachhaltige Entwicklung sein. Das heißt beispielsweise, dass Produzent:innen immer Zugang zu regelmäßigen kulturellen Aktivitäten und Bildungsangeboten haben müssen oder dass die lokale Kultur eingebunden und lebenslanges Lernen garantiert wird.

Die *EoL*-Zertifizierung bietet auch wichtige Erweiterungen und Fortschritte im Vergleich zur Bio- oder Fairtrade-Zertifizierung. Denn Wasserverbrauch, der CO_2-Fußabdruck oder der Einsatz von

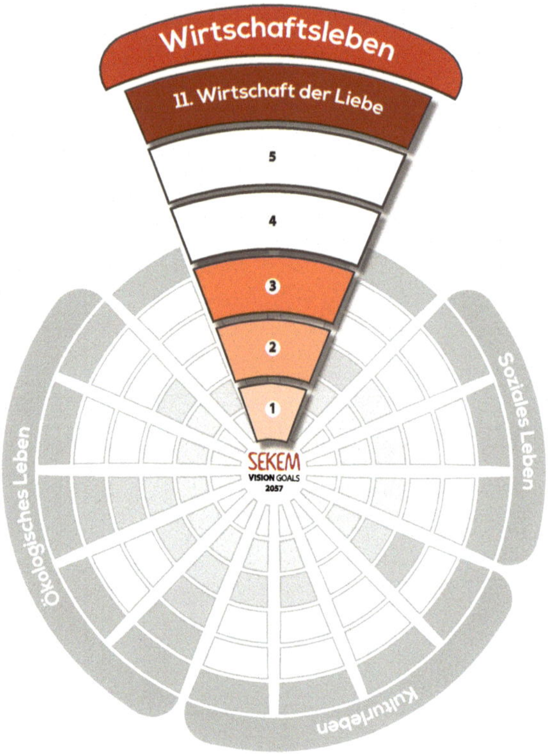

6 laufende Projekte & Aktivitäten, darunter:

- Einführung der EoL-Zertifizierung in Ägypten und Europa

erneuerbaren Energien sind ebenso wichtig für eine verantwortungsvolle Agrikultur; und die Bewusstseinsbildung, die Förderung von menschlichem Pozential oder die Gemeinschaftsentwicklung sind für ethisches Wirtschaften von vergleichbarer Bedeutung wie ein faires Gehalt oder soziale Absicherung.

Über ein Rückverfolgungs-Tool wird die komplette Wertschöpfungskette für alle sichtbar gemacht. So gibt das Tool Auskunft über die Bäuer:innen und Verarbeiter:innen, aber auch zu Transport, dem ökologischen Fußabdruck oder den tatsächlichen Kosten der Produktion (also Kosten, die für Wasserverbrauch, Wasseraufbereitung, Luftsäuberung, Energie oder CO_2 Ausstoß anfallen, siehe dazu SVG 5). Diese tatsächlichen Produktionskosten werden im EoL-Standard erstmalig in Form einer Zertifizierung berücksichtigt.

Bis 2027 sollen alle unsere eigenen Produkte EoL-zertifiziert sein und möglichst viele unser Partnerunternehmen, die wir mit Rohstoffen beliefern. Außerdem soll *EoL* langfristig nicht nur Lebensmittel, sondern alle Produkte und Dienstleistungen zertifizieren. Wir wollen damit zeigen, dass eine nachhaltige Wirtschaft, welche die Umwelt und die Menschen fördert anstelle sie auszunutzen, ebenso erfolgreich und finanziell lohnend sein kann wie ausbeuterische Modelle.

INSPIRATION: WIRTSCHAFT DER LIEBE IST EFFIZIENT UND KOSTENGÜNSTIG

Mit der *Economy of Love*-Zertifizierung wollen wir es Verbraucher:innen ermöglichen, Produkte vollkommen transparent zurückzuverfolgen und den tatsächlichen Preis zu kennen. Kund:innen werden so ermächtigt, die richtige Kaufentscheidung zu treffen. Denn die derzeit aktuelle Preisgestaltung spiegelt meist eine Illusion wieder, weil nicht alle Faktoren im Preis zur Erscheinung kommen.

Über den *EoL*-Standard wird deutlich, dass die Preise in den Regalen nicht die realen Preise darstellen. Als Beispiel sei unser Anis-Tee genannt. Vergleichen wir die Kosten von einer Schachtel Sekem-Anistee mit einem konventionellen Konkurrenzprodukt in Ägypten, können wir feststellen: Der konventionelle Tee kostet die Verbraucher:innen zwar rund 20 Prozent weniger (16 Ägyptische Pfund) als die gleiche Menge unseres Bio-Tees (20 Ägyptische Pfund); aber bei der Produktion kommt der Bio-Tee mit 25 Liter weniger Wasser aus und verunreinigt das Grundwasser nicht. Die Aufbereitung verschmutzen Wassers kann mit 5 Ägyptischen Pfund pro Packung kalkuliert werden. Außerdem werden bei dem Anis-Anbau für eine Schachtel Anistee in der Bio-Landwirtschaft rund 75 Gramm CO_2 gebunden, während bei der konventionellen Landwirtschaft gar kein CO_2 gebunden wird. Wenn die CO_2-Emissionen bepreist würden, wie von der FAO vorgeschlagen , etwa mit einem Ägyptischen Pfund, würde dies das konventionelle Produkt um ein weiteres Pfund pro Schachtel teurer machen. Damit läge der Anistee der konventionellen Konkurrenz bereits bei 22 Ägyptischen Pfund und wäre zehn Prozent teurer als unser *EoL*-zertifiziertes Produkt.

Vision (SVG 12): Geld

Ägypten 2057: Ägypten führt ein ethisches Bank- und Finanzwesen ein!

Um eine weitreichende Transformation der Wirtschaft in Ägypten umsetzen zu können, ist die Einführung eines ethischen Bankwesens unumgänglich. Ohne Banken, die ethisch, ökologisch und sozial agieren, kann es keine nachhaltige Wirtschaft geben. Das erwirtschaftete Geld, als Produkt einer geistigen Leistung, muss im Fluss bleiben, um einen Nutzen haben zu können. Dieser Fluss ist im konventionellen Bankwesen intransparent und führt nicht selten über Finanzierungen, die sich weit weg von dem Anliegen einer *Wirtschaft der Liebe* befinden. Wir arbeiten daher bereits seit etlichen Jahren mit nachhaltigen Kreditinstitu-

ten zusammen. In Kooperation mit diesen langjährigen und erfahrenen Finanz-Partnern aus Europa wollen wir Schritte für ein ethisches Bankenwesen in Ägypten einleiten und Vorbild-Modelle schaffen. Denn wir wollen das Sekem-Geld so verwalten, dass wir jederzeit genau wissen, wo es ist und was mit ihm passiert.

Zunächst haben wir in Sekem selber ein Kreditinstitut gegründet, das sein Geschäft mit der Vergabe von Mikrokrediten begonnen hat. Das Mikrokreditprogramm verwaltet Gelder der Sekem-Firmen sowie Schenkungsgelder und vergibt nur Kredite an ökologisch oder sozial nachhaltige Geschäftsmodelle. Das daraus entstehende Kreditinstitut soll nicht ausschließlich den Menschen in der Umgebung der Sekem-Mutterfarm zur Verfügung stehen, sondern auch in anderen Teilen Ägyptens eingeführt werden, wie etwa im Rahmen der entstehenden Gemeinschaft auf der Wahat-Farm (siehe dazu auch SVG 16) sowie bei unseren Vertragsbauern.

Sekem will zudem innovative Finanzierungsmodelle entwerfen und verbreiten, die es jedem ermöglichen genau zu wissen, wo das Geld

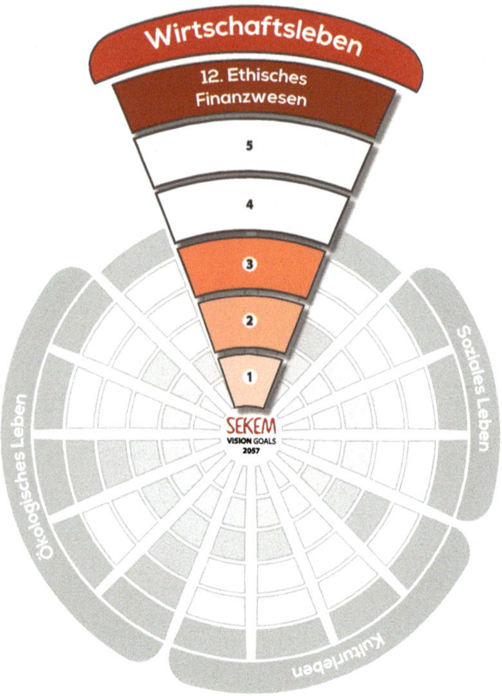

6 laufende Projekte & Aktivitäten, darunter:

- Komplementäres Zahlungssystem "Miza"
- Mikrokreditprogramm für die umliegenden 13 Dörfer

eingesetzt wird. Ein erster Versuch dazu ist unsere *Greening the Desert*-Kampagne. Wir nehmen dazu Darlehen auf, über deren Einsatz die Geber:innen detailliert informiert werden. Und das nicht nur bei Darlehensabschluss, sondern es werden regelmäßig Updates zum Fortlauf des Projektes mit den Investor:innen geteilt. Bei dieser ersten Übung zu nachhaltigen Geldanlagen handelt es sich um die Finanzierung von Pivot-Bewässerungsanlagen, die zur Begrünung von Wüste gebraucht werden. Unterstützer:innen können das Projekt über drei Wege mitgestalten: Über die Vergabe von Darlehen, die mit bis zu zehn Prozent verzinst sind (die Zinsen werden in Gutscheinen ausgezahlt, die im Sekem Online Shop für Produkte oder für Sekem Reisen eingelöst werden können); über den Kauf von CO_2-Zertifikaten, wodurch gleichzeitig der eigene ökologische Fußabdruck reduziert werden kann; und über Schenkungsgeld. Bei diesem Modell profitieren beide Seiten, indem die Kreditgeber:innen weit höhere Zinssätze erhalten, als es momentan üblich ist, und Sekem mehr Produkte vertreiben kann, um weitere nachhaltige Aktivitäten realisierbar zu machen.

Wir arbeiten außerdem an alternativen Ansätzen, die es längerfristig ermöglichen könnten, sich von den extremen Währungsschwankungen unabhängig zu machen. Dazu haben wir die komplementäre Währung *Sekem-Miza* entwickelt.

Inspiration: Sekem-Währung

Sekem-Miza wurde zunächst als ein komplementäres Zahlungssystem entworfen, über das Mitarbeiter:innen beim Kauf von Produkten in den Sekem-Geschäften Punkte sammeln und zahlen können. Ein *Sekem-Miza* entspricht einem Wert von einem Ägyptischen Pfund. Für jedes Pfund, das in einem Sekem-Geschäft ausgegeben wird, erhalten die Mitarbeitenden den gleichen Wert in *Sekem-Miza* für ihren nächsten Einkauf. Dadurch ist die Nachfrage nach unseren Bio-Produkten gestiegen. Die komplementäre Währung soll in den Geschäften der 13 Dörfer um Sekem sowie bei unseren Bauern etabliert werden. Und auch das Sekem-Mikrokreditprogramm wird *Sekem-Miza* vergeben (mit geringeren Zinsen). Die Bauern und Kreditnehmer:innen können damit beispielsweise Bio-Futtermittel oder -Samen kaufen. So unterstützt das System den Vertrieb von nachhaltigen-ökologischen Produkten und einen lokalen Wirtschaftskreislauf.

Vision (SVG 13):

Produkte und Dienstleistungen

Ägypten 2057: Verantwortungsvoller Konsum und ein nachhaltiger Lebensstil sind Mainstream. Es gibt ein breites Angebot an nachhaltigen Produkten und Dienstleistungen für alle Kundenbedürfnisse und für alle sozialen Schichten!

Wir wollen zeigen, dass es möglich ist, das Leben konsequent nachhaltig zu gestalten – von den Lebensmitteln über den Urlaub bis hin zur Einrichtung des eigenen Zuhauses. Dabei soll es sich um Produkte und Dienstleistungen handeln, die einen sinnvollen Nutzen für die Menschen mit sich bringen und sie in ihrer Entwicklung unterstützen.

In diesem Zusammenhang soll auch Bewusstsein dafür geschaffen werden, dass es prinzipiell zu viele Waren auf den Märkten gibt, die diesem Anspruch nicht nachkommen und stattdessen einem verantwortungsvollen Fortschritt eher im Wege stehen. Es geht also darum, nicht möglichst viele neue Produkte zu entwerfen, sondern vielmehr solche, die einen sinnvollen Nutzen haben. Das bereits bestehende vielseitige Produktangebot kann so eingesetzt werden, dass es gezielt informiert und somit Bewusstsein fördert. So sind die Sekem-Produkte zwar auf dem ägyptischen Markt nicht mehr wegzudenken – den meisten Ägypter:innen sind sie als gesund und qualitativ hochwertige Ware bekannt – es ist aber kaum Verständnis für die Bedeutung und für die Vorteile von Bio-, geschweige denn für Demeter-Qualität vorhanden. Wir haben die Demeter-zertifizierte Sekem-Marke eingeführt und versuchen über unterschiedliche Wege, beispielsweise über die Kommunikation auf Verpackungen, auf Messen oder die Schulung von Verkaufspersonal zu informieren und aufzuklären.

Ein wichtiger Aspekt im Hinblick auf eine nachhaltige Gestaltung des Lebensumfeldes ist der Bereich der Informationstechnologie. So trennen wir uns in allen unseren Institutionen von den großen Playern der Branche und versuchen, technische Geräte wie Mobiltelefone oder Computerprogramme mit Angeboten von alternativen Open-Source-Unternehmen zu ersetzen.

Auf unserer Wahat-Farm bauen wir den Prototyp eines nachhaltigen Gebäudes: Ein Einfamilienhaus für sechs Personen, das durch die Nutzung von traditionellen und natürlichen Materialien gepaart mit innovativen Technologien keine Last für die Umwelt darstellt. So bestehen die Wände des Hauses hauptsächlich aus Lehm, die Inneneinrichtung aus eigenem Holz. Adiabatisch (wärmedicht) gekühlte Luft schafft ein angenehmes Raumklima. Mit den Erfahrungen beim Bau dieses nachhaltigen Wohnhauses wollen wir Lösungen für den wachsenden Gebäude-Bedarf in Ägypten schaffen.

Und auch den Dienstleistungssektor wollen wir nicht außer Acht lassen. Mit unseren Freunden in Europa haben wir begonnen, nachhaltige Reisen nach Sekem und Ägypten zu organisieren. Dabei liegt der Schwerpunkt auf dem Kennenlernen der Sekem-Initiative, wird aber durch Ausflüge in die reichhaltige Kulturlandschaft Ägyptens erweitert.

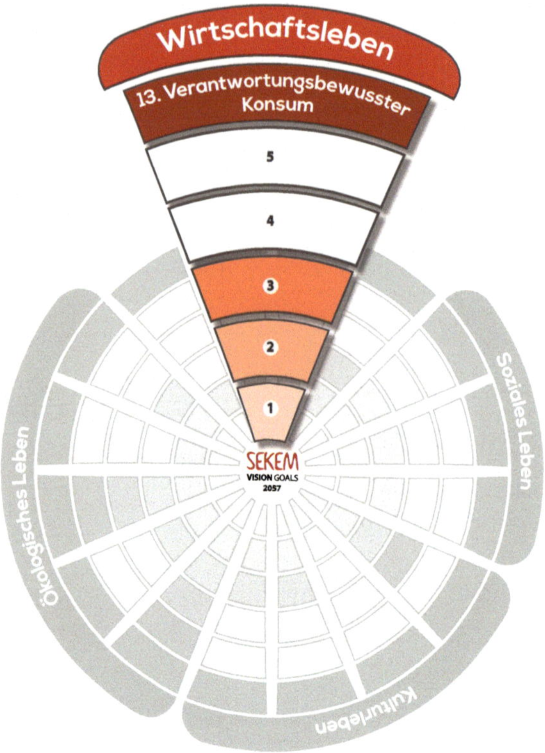

4 laufende Projekte & Aktivitäten, darunter:

- Kooperation mit Shift Phone
- Nachhaltige Architektur in Wahat

So können wir Aufmerksamkeit für unsere Anliegen schaffen und diese direkt im lokalen Kontext darstellen. Die Gäste werden in unserem Eco-Village-Gästehaus untergebracht, das in der Versorgung mit nachhaltigen Produkten arbeitet. Die durch die Reise entstanden Klimabelastungen können über unsere CO_2-Programme kompensiert werden.

Außerdem arbeiten wir ständig an einer konsequenten Umstellung auf möglichst nachhaltige Verpackungsmaterialien und erneuerbare Energien, wie etwa grünen Strom für Privathaushalte oder Elektro-Mobilität (siehe dazu auch SVG 7). Und zur Steigerung der Bewusstseinsbildung innerhalb unserer Gemeinschaft machen wir Übungen, um das eigene Konsumverhalten zunächst einmal zu definieren und zu verstehen. Denn wie oft merken wir doch bei uns selber, wie groß die Hürde zwischen dem Wissen von etwas und dem entsprechenden Handeln danach doch ist.

Inspiration:
Nachhaltiger Gebäudebau

Unser Prototyp eines nachhaltigen Hauses auf der Sekem-Wahat-Farm besteht aus Lehm (abgebaut aus nicht landwirtschaftlich genutzten Flächen), Holz, Leinöl, Glas, Stahl, Naturstein, Stroh und Baumwolle. Kunststoffe und Keramik finden lediglich für sanitäre Anlagen Anwendung. Besonders der sogenannte Stampflehm eignet sich ideal für einen ökologischen Bau. Er ist kostengünstig und damit für möglichst viele erschwinglich. Er hat sich als Baustoff seit Jahrtausenden bewährt und steht weltweit zur Verfügung. Er ist resistent gegen Insekten, Schimmel, Feuer, Schall und vollkommen ungiftig. Durch die Fähigkeit, Feuchtigkeit aus der Luft aufzunehmen und wieder abzugeben, halten die Wände eine angenehme Raumluftfeuchtigkeit; als thermale Masse können die Innenräume tagsüber bei höheren Temperaturen Energie aufnehmen und diese in der Nacht wieder ausstrahlen. Der Baustoff Holz ist aufgrund seiner einfachen Handhabung und angenehmen Haptik für alle weiteren Bauteile im Innenraum und für das Dach geeignet. Holz ist außerdem CO_2-neutral und nachwachsend.

Das Haus ist durch eine zweite Dachhaut geschützt, die gleichzeitig dazu dient, einen permanenten Luftaustausch zu fördern, indem warme Luft aus den oberen Räumen ab- und adiabatisch gekühlte Luft von unten nachgeführt wird. Alle im Gebäude benötigte Energie wird durch ein hauseigenes Photovoltaik-System bereitgestellt. Das Abwasser wird nach einer entsprechenden Behandlung zur Bewässerung von Bäumen eingesetzt. Der Verbrauch von einer Person reicht täglich für etwa sechs Bäume. Die Bäume schaffen wiederum lokal wachsendes Hartholz, das sich zur Möbelproduktion eignet. So können wir nachhaltig langlebige Möbel produzieren und sind dabei nicht vom internationalen Holzmarkt abhängig. Um die kostbare Ressource effizient zu nutzen und günstig zu arbeiten, sind die Designkriterien nach dem Motto „weniger ist mehr" ausgerichtet.

Soziales Leben

Inspirationen für eine zukunftsfähige Gesellschaft

Jenseits von richtig und falsch gibt es einen Ort.
Hier können wir einander begegnen.

Rumi

Sekem versteht sich als eine Initiative, die neue Impulse in die Welt bringt, die in praktischer Anwendung heilend für die Menschen und die Erde wirken. Dafür braucht es einen Ort, also ein Stück Erde, und Menschen, die sich zu einer arbeitenden und lernenden Gemeinschaft zusammenfinden; Menschen, die einen sozialen Organismus bilden, in dem die Lebensbereiche Ökologie, Kultur und Wirtschaft wirken können. In der Begegnung der Menschen während der Arbeit und des Lernens findet das soziale Leben statt – dabei entsteht eine Gemeinschaft, die dem unterschiedlichen Bewusstsein ihrer einzelnen Mitglieder entsprechend auch auf verschiedene Art und Weise definiert und gelebt werden kann. So gibt es in ihr familiäre Gemeinschaften, Altersgemeinschaften, religiöse Gemeinschaften, Interessengemeinschaften, Wertegemeinschaften und viele mehr. Wir wollen solche unterschiedlichen Gemeinschaftsformen berücksichtigen und einbeziehen, aber gleichzeitig eine Visionsgemeinschaft – oder Geistesgemeinschaft, wie sie Ibrahim Abouleish nannte – sein und fördern. Diese Gemeinschaft will Menschen dabei unterstützen, sich als Teil einer großen Weltgemeinschaft zu verstehen, die sich stetig lebendig weiterentwickelt. In den Worten von Ibrahim Abouleish: „Eine Gemeinschaft, in der Menschen aller Nationen und Kulturen in Frieden miteinander arbeiten und lernen – und wie in einer Sinfonie harmonisch zusammenklingen. Eine Gemeinschaft, in der Berufe aus allen Lebensbereichen, aus allen Altersstufen und auch aus allen Bewusstseinszuständen vertreten sind, besonders auch aus solchen, die eine übersinnliche Welt anerkennen, pflegen und lieben – eine Gemeinschaft, die höhere Ideale anstrebt. Eine lebendige, sich fortwährend erneuernde Gemeinschaft, die ihre Dynamik durch das Streben nach einer Wissenschaft des Geistes erhält. Eine Gemeinschaft, die zu Wahrheit und Geduld strebt und die ihre Erkenntnisse für den Menschen und die Umwelt selbstlos einsetzt."[63]

Diese Vision einer Gemeinschaft wurde von unterschiedlichen Vorbildern, Modellen, Ideen und praktischen Ansätzen geprägt. Eine dieser Inspirationsquellen ist die islamische Umma. Das Ideal der Umma umfasst nicht nur die Gemeinschaft der Muslime, sondern ist ursprünglich viel weiter gefasst als eine Gemeinschaft, die über den Rahmen eines Stammes, Clans oder einer Nation hinausgeht; eine „Gemeinschaft der Mitte", wie sie im Koran beschrieben wird: *Und so haben Wir euch zu einer Gemeinschaft, die die Mitte hat gemacht, auf dass ihr Zeugen seid über die Menschen und dass der Gesandte Zeuge sei über euch.*[64]

Das Charakteristische einer Mitte ist das labile Gleichgewicht, das immer den Ausgleich sucht, nicht fixiert oder erstarrt, sondern fortwährend in einem lebendigen Prozess eine Balance anstrebt. Eine Mitte kann nicht statisch erschaffen werden, sie braucht stete Bewegung und Entwicklung sowie die Verständigung und das Zusammenwirken von Gegensätzen. Eine solche Mitte bildet im menschlichen Atemprozess unsere Lebensgrundlage. Die grundlegende Bedeutung der Mitte war schon der altägyptischen Kultur bewusst und wurde durch das polare Zusammenwirken der göttlichen Wesen Horus und Seth realsymbolisch ausgedrückt und historisch-geographisch als *Sema tawy*, als „Vereinigung der beiden Länder" Ober- und Unterägypten bezeichnet, in deren Mitte das geistige Zentrum Heliopolis lag. Indem man das Wort in der hieroglyphischen Schreibweise mit dem Zeichen für Lunge und Luftröhre schrieb, brachte man auch damals die Entsprechung mit dem menschlichen Atemprozess zum Ausdruck.

Für uns bedeutet eine „lebendige, lernende Gemeinschaft der Mitte" allerdings nicht nur das Vereinen von Verschiedenheiten und die fortwährende Entwicklung der Menschen, die in ihr tätig sind, sondern auch eine Verbindung zum Spirituellen und Geistigen. Wie die Arbeit Willenskräfte braucht und das Lernen Denkprozesse, so braucht das soziale Miteinander Herzenskräfte, um lebendig sein zu können und dem Menschen in seiner Ganzheit gerecht zu werden. Ohne die Einbe-

63 Die Sekem Symphonie, S.177 | 64 Sure 2,143

ziehung der Herzenskräfte bleibt die Gemeinschaft eine bloße Struktur aus Gesetzen, die das Zusammenleben regeln, aber weder die Potenziale der Menschen fördern, noch vorhandene Potenziale voll ausschöpfen, was die Voraussetzung für echte Nachhaltigkeit ist.

In der achten Sure des Koran wird die Notwendigkeit der Herzenskräfte und der geistigen Verbindung für eine nachhaltige und ganzheitliche Gemeinschaft beschrieben: *Und der ihre Herzen zusammenklingen lässt. Hättest du auch alles aufwenden mögen, was auf Erden ist, hättest du doch nicht ihre Herzen in Einklang gebracht, sondern Allah hat sie zusammengeführt.*[65]

Dieser Gedanke ist auch eine Grundlage des Christentums und kommt in dem Leitgedanken *Liebe Deinen Nächsten wie dich selbst* zum Ausdruck. Auch im Judentum gibt es ähnliche Formulierungen.

Die Bedeutung einer Gefühlsebene für die Gemeinschaftsform eines „Zusammenklangs der Herzen", hat auch Rudolf Steiner wiederholt beschrieben: „Es ist bei jeder menschlichen Gemeinschaft so, dass aus der Gemeinschaft heraus dem Menschen Kräfte zufließen, nur muss die Gemeinschaft eine wirkliche Gemeinschaft sein. Man muss sie fühlen, empfinden und erleben."[66]

Wir versuchen diese Verbindung zu spirituellen Quellen, zu den Herzenskräften des Fühlens und Empfindens, über geistig-gedankliche Arbeit zu nähren und tagtäglich erlebbar zu machen. So beginnt jeder Tag in den unterschiedlichen Arbeitsbereichen der Sekem-Initiative mit einem Morgenkreis, der die Mitglieder dieser kleineren Gemeinschaften zusammenbringt und die Zugehörigkeit zu einer großen Gemeinschaft mit bestimmten Werten spürbar machen kann. Nebeneinanderstehend, also trotz aller Unterschiede auf gleicher Ebene, wird bildlich und von einer Empfindungsebene her eine Mitte geschaffen. Die und der Einzelne erlebt sich als Teil einer Gemeinschaft Gleicher und sieht sich aufgerufen bei seinen Handlungen, den Anderen neben sich zum Wohle des Ganzen mit ins Bewusstsein zu nehmen. Gemeinsam werden inspirierende Worte gesprochen, während sich die Menschen die Hände reichen – damit werden die Herzenskräfte und Gefühle angesprochen.[67]

Auch dieses Ritual vereint verschiedene Impulse aus unterschiedlichen Kulturkreisen. Gemeinsam wird die islamische Grußformel

65 Sure 8,63 | 66 Steiner, GA, Bd. 316, S. 110

67 Alle genannten Texte werden in arabischer Sprache gesprochen.

Friede sei mit euch, und Gottes Segen und Barmherzigkeit! gesprochen und das Datum des islamischen, des gregorianischen sowie des Planeten-Kalenders genannt. Es folgt ein Spruch Rudolf Steiners, der die Ganzheitlichkeit eines sozialen Miteinanders mit ihren unterschiedlichen Qualitäten anspricht:

Das Schöne bewundern,
Das Wahre behüten,
Das Edle verehren,
Das Gute beschließen;
Es führet den Menschen,
Im Leben zu Zielen,
Im Handeln zum Rechten,
Im Fühlen zum Frieden,
Im Denken zum Lichte;
Und lehrt ihn vertrauen,
Auf göttliches Walten,
In allem, was ist:
Im Weltenall,
Im Seelengrund. [68]

Alle Mitarbeiter:innen nehmen neben ihrer Arbeit in den verschiedenen Betrieben und Institutionen von Sekem regelmäßig an Sitzungen und Aktivitäten teil, die ihre künstlerische Ader ansprechen, ihr fachliches Wissen fördern oder auch sich mit sozialen und gesellschaftlich relevanten Themen auseinandersetzen. Ibrahim Abouleish war der Überzeugung, dass das ständige geistige Bemühen eine tragfähige Grundlage für all das bildet, was Sekem werden möchte.

In dem hier umrissenen Rahmen wird Bewusstsein für Werte geschaffen, die für ein gerechtes, das Potenzial der Menschen förderndes Miteinander von Bedeutung sind – von Menschenrechten über Chancengleichheit von Frauen und Männern bis hin zu Führungsstrukturen. Auf diese Weise soll auch ein Bewusstsein gefördert werden, dass es hier um eine Gemeinschaft und ein soziales Miteinander geht, das nicht auf die Interessen Einzelner, auf familiäre Verbindungen oder religiöse Glaubensgemeinschaften gegründet ist. Vielmehr wollen wir die Idee einer Visionsgemeinschaft vermitteln, die zu einer Weltgemeinschaft beitragen soll, die alle Menschen unabhängig

68 Rudolf Steiner, *Beim Läuten der Glocken*, GA 40, S.87

von Glauben, ethnischer Herkunft oder sozialem Status vereint. So kann die Vielfalt gleichzeitig eine Einheit sein, wie es die Natur uns vormacht und wie Goethe es im *Faust* poetisch beschreibt: *Wie alles sich zum Ganzen webt, Eins in dem andern wirkt und lebt...*

Auch im Koran wird mehrfach geschildert, dass die Verschiedenheiten innerhalb der Menschengemeinschaften ein wichtiges Element sind. Die Unterschiede zeigen die Vielfalt der Lebenszusammenhänge, in der die verschiedenen Entwicklungsstadien der Menschen zum Ausdruck kommen.

Für jeden von euch haben Wir eine Richtung und einen Weg festgelegt. Und wenn Allah gewollt hätte, hätte Er euch zu einer einzigen Gemeinschaft gemacht. Doch will Er euch prüfen in dem, was Er euch hat zukommen lassen. So eilt zu den guten Dingen um die Wette. Zu Allah werdet ihr allesamt zurückkehren, dann wird Er euch das kundtun, worüber ihr uneins gewesen seid.[69]

Für uns bedeutet eine solche Gemeinschaft der Einheit in der Vielfalt auch, dass die Potenziale der einzelnen Menschen sich im gegenseitigen Austausch vielfach vermehren und steigern können. Die Gemeinschaft wächst, wenn die und der Einzelne lernt, im Sinne des Ganzen zu denken; das erfordert zugleich ein Bewusstsein darüber, dass die und der Einzelne gehört und ernstgenommen wird. Auch dies ist ein Gedanke, der in der Anthroposophie zu finden ist, wenn Steiner formulierte: *Heilsam ist nur, wenn im Spiegel der Menschenseele sich bildet die ganze Gemeinschaft, und in der Gemeinschaft lebet der Einzelseele Kraft.*[70]

Die Offenheit gegenüber unterschiedlichen Gemeinschaften und Individuen wird im Koran noch konkreter mit der Freiheit des Einzelnen in Zusammenhang gebracht; das war für uns in Sekem immer auch ein Indiz dafür, dass im islamischen Glauben andere Religionsformen respektiert werden und ihre Berechtigung haben. Einen Hinweis darauf gibt zum Beispiel Sure 10,99: *Wenn dein Herr wollte, würden die, die auf der Erde sind, alle zusammen gläubig werden. Bist du es etwa, der die Menschen zwingen kann, gläubig zu werden?*

Und noch konkreter heißt es in Sure 2,256: *Es gibt keinen Zwang in der Religion. Der rechte Wandel unterscheidet sich nunmehr klar vom Irrweg.*

In den esoterischen Strömungen des Islam, die auch für Ibrahim Abouleish von großer Bedeutung waren, wird Religion gar als eine

69 Sure 5,48 | 70 Steiner, GA 40, S.298

nicht an eine Konfession gebundene Geisteshaltung verstanden, die viele Formen annehmen kann. So schrieb der islamische Mystiker Rumi: *Ich bin nicht Christ, nicht Jude, nicht Parse, nicht Moslem. Mein Ort ist das Ortlose. Meine Spur ist das Spurlose. Ich habe geschaut, dass die Welten eins sind.*

Rumi war es auch, der bereits vor über 700 Jahren sagte: *Wer Gott liebt, hat keine Religion außer Gott.*

Für eine zukunftsfähige Gemeinschaft, wie sie Sekem sein will und in die Gesellschaft hinein zu gestalten versucht, sind in erster Linie das Wesen und die Werte sozialen Miteinanders von Bedeutung. Dabei geht es um Rechtsfragen, um Gleichheit, Frieden oder Freiheit für jeden einzelnen Menschen, aber auch für die Gesellschaft als Ganzes, einschließlich ihrer politischen Strukturen. Solche Grundwerte sind im Koran beschrieben, zum Beispiel in Sure 3,104: *Aus euch soll eine Gemeinschaft von Gläubigen entstehen, die zum Guten aufrufen, das Rechte gebieten und das Verwerfliche verbieten. Das sind die Hochbeglückten.* Oder in Sure 7,181: *Und unter denen, die Wir erschaffen haben, ist eine Gemeinschaft von Menschen, die nach der Wahrheit leiten und nach ihr gerecht handeln.*

Neben diesen islamischen Prinzipien gibt für uns in der Gestaltung des sozialen Gemeinschaftswesens auch das anthroposophische Konzept der Dreigliederung des sozialen Organismus Orientierung. Das Dreigliederungsmodell nach Rudolf Steiner[71] will die Struktur der Gesellschaft von einer Zentralsteuerung zur autonomen Gleichberechtigung der drei Bereiche Geistesleben (Freiheit in Kultur, Bildung, Wissenschaft), Rechtsleben (Gleichheit bei Gesetzen und gesellschaftlichen Regeln) und Wirtschaftsleben (Geschwisterlichkeit bei Produktion, Handel, Konsum) bringen. Die drei Bereiche sollen gleichberechtigt, in sich zentralisiert und doch in einem lebendigen Miteinander zusammenwirken. So agieren die Bereiche in Sekem nicht voneinander getrennt, sondern treten in einem lebendigen Organismus in ständige Wechselwirkung miteinander, ohne aber dabei die anderen Bereiche in eine Abhängigkeit zu bringen. Die kulturellen Einrichtungen könnten nicht ohne wirtschaftliches Zutun und die Wirtschaftsbetriebe nicht ohne Bildungsgrundlagen und geistiges Schaffen existieren. Alle drei Bereiche sind ineinander verwoben, aber dabei gleichzeitig autonom.

71 Entstanden im Jahr 1919, in Buchform erschienen damals *Die Kernpunkte der sozialen Frage.*

Dass dieser Ansatz allerdings nicht ausschließlich einer Idee der Anthroposophie entspringt, zeigt wiederum ein Vers aus dem Koran, der in Richtung einer solchen Solidargemeinschaft verstanden werden kann: *Die gläubigen Männer und die gläubigen Frauen sind einer des anderen Freund. Sie gebieten das Gute und verbieten das Verwerfliche, vollziehen das Gebet, entrichten die Abgabe für die Armen, und gehorchen Allah und seinem Gesandten.*[72]

Eingeleitet durch den Hinweis auf die Gleichheit der Menschen (hier durch die Nennung der Gleichheit von Frauen und Männern) folgen Verweise auf das Rechtsleben („gebieten das Gute und verbieten das Verwerfliche"), das Geistesleben („verrichten das Gebet") und das Wirtschaftslebens („zahlen die Armenabgabe").

Auch die Chancengleichheit, die wir innerhalb der Gemeinschaft zu praktizieren versuchen, ist ein islamisches Ideal, denn im Koran heißt es, *Er ist es, der euch zu Stellvertretern auf der Erde gemacht hat.*[73] Das hier gebrauchte Wort *Khalifa* für Stellvertreter wird im Koran nicht in Verbindung mit einem Privileg oder in Zusammenhang mit einem Staatsoberhaupt verwendet (wie es oft verstanden wird, wenn von den Kalifen, den Herrschern nach dem Propheten Mohammed, die Rede ist), sondern meint die besondere Stellung aller Menschen gleichermaßen, indem sie als Stellvertreter Gottes auf Erden die Verantwortung für sich und die Schöpfung tragen.[74] Damit weist der Begriff *Khalifa* vielmehr auf die Einheit und Brüderlichkeit der gesamten Menschheit hin.[75]

Aus dem Gesagten wird ersichtlich, dass das Gemeinschaftsideal von Sekem sich ebenso im islamischen wie im christlichen Kulturraum findet, weil es sich hier um etwas handelt, was über die Zeiten hinweg für alle menschliche Zusammenarbeit Gültigkeit besitzt. Die heutige Menschheit hat sich aber weit von dieser Grundbedingung entfernt, weshalb Ibrahim Abouleish in die Wüste ging, um frei von den geltenden gesellschaftlichen Normen eine von Grund auf neue Gemeinschaft zu bilden, um so die bestehenden Strukturen allmählich zu verändern. Sein Ziel war nicht eine utopische Enklave, sondern ein Keim, aus dem die Gesellschaft erneuert werden kann.

72 Sure 9,71 | 73 Sure 35,39 | 74 Sure 2,30 | 75 Al-Jayyousi, S. 78

40 Jahre Gemeinschaftsentwicklung in der Wüste

Jeden Morgen kommen in und um Sekem die Menschen zusammen. Auf den Feldern, in den Firmen, an den Schulen. Sie beginnen den Tag gemeinsam, indem sie sich die Hände reichen und auf das Miteinander besinnen. Rund 2000 Menschen aller Altersgruppen, Kulturen, Religionen und Positionen stehen so jeden Morgen beieinander. Sie verbildlichen allerdings nur einen Teil der Sekem-Gemeinschaft, denn neben den Mitarbeitenden gibt es mittlerweile auf der ganzen

Welt Menschen, die direkt oder indirekt mit Sekem in Verbindung stehen. Angefangen bei den internationalen Gästen des Sekem-Hotels, den Mitgliedern der vier europäischen Sekem-Freundesvereine oder den Konsument:innen von Sekem-Produkten in vielen Ländern. Weiter geht es über viele Tausende Menschen, die in direktem Kontakt mit Sekem stehen, wie Vertragsbauern, Industrie-, Geschäfts-, Finanzpartner oder Menschen der umliegenden Dörfer, die beispielsweise das medizinische Zentrum Sekems besuchen. Und dann gibt es eine wachsende Anzahl an Studierenden der Heliopolis Universität, sowie Mitarbeitenden der Universität und der Firmen auf der Sekem-Mutterfarm, die täglich und konkret vor Ort aktiv sind.

Am tiefsten in die Gemeinschaftsentwicklung involviert ist der seit einigen Jahren bestehende Sekem-Zukunftsrat, wenngleich dies nicht bedeutet, dass dieser Kreis von größerer Wichtigkeit für die Gemeinschaft ist als einer der anderen. Im Zukunftsrat setzen wir ein Bewusstsein über alle anderen Kreise voraus sowie die Fähigkeit sicherstellen zu können, dass die Sekem-Vision in ihrer Ganzheit realisiert werden kann und nicht etwa ein Bereich oder gar persönliche Interessen überhand gewinnen. Alle diese Bereiche sind miteinander verwoben, wodurch die Sekem-Gemeinschaft lebendig bleibt – und alle Elemente sind dabei notwendig und von gleicher Wichtigkeit für die Fortentwicklung des Impulses.

Die Verbindungen zu den unterschiedlichen Menschen und die vielseitigen Partnerschaften über den Globus verteilt, die Sekem in 45 Jahren geknüpft hat, erweisen sich immer wieder als wichtige Säule für das Fortbestehen des gemeinschaftlichen Lebens. Vor allem in Zeiten, die von Herausforderungen geprägt waren – und die gab es nicht selten – konnten wir uns stets auf loyale Partnerschaften und vertrauensvolle Unterstützung verlassen. So konnten Krisen überwunden werden, ohne dass der ganzheitliche Anspruch der Sekem-Vision für eine nachhaltige Gemeinschaft vernachlässigt werden musste. Ohne dieses Netzwerk gäbe es Sekem nicht.

Herausforderungen und Chancen für Ägypten

Während sich im Sekem-Kontext seit 1977 eine ganzheitlich orientierte Gemeinschaft für eine nachhaltige Zukunft entwickelt, scheint die Gesellschaft in Ägypten mehr und mehr in die Krise zu geraten. War sie Mitte des 20. Jahrhunderts noch durch ein verhältnismäßig offenes und freies Leben geprägt, mit guten Aussichten auf Fortschritt, folgten problematische Zeiten und damit einhergehend eine flächendeckende Verschlechterung der Infrastruktur, des Bildungssystems, der Nahrungsmittelversorgung und vielem mehr. Die mit großer Hoffnung verbundene Revolution von 2011 hat bisher noch zu wenig Veränderung geführt. Wenngleich sich die wirtschaftliche Situation des Landes gemessen an den enormen Herausforderungen der vergangenen Jahre verhältnismäßig gut stabilisieren konnte, ist die Stimmung in der Bevölkerung von Resignation geprägt.

Die anhaltend größte Herausforderung für die ägyptische Gesellschaft bleibt das Bevölkerungswachstum. Studien schätzen die Bevölkerungszahl bis 2050 auf 150 Millionen (2020 sind es rund 100 Millionen, während es Ende der 1950er Jahre noch etwa 20 Millionen waren). Wie in vielen anderen Teilen der Welt erwartet auch Ägypten in den kommenden Jahrzehnten eine verstärkte Landflucht. Damit einhergehen werden unter anderem Arbeitslosigkeit, Armut und eine erschwerte Lebensmittelversorgung. Gründe, die wiederum zu einer zunehmenden Flucht Richtung Europa führen können. Die ägyptische Regierung will dem mit verschiedenen Projekten entgegenwirken. So gibt es aktuell die Zwei-Kinder-sind-genug-Kampagne oder das Vorhaben, bis 2030 1,5 Millionen Feddan (ca. 650.000 Hektar) Wüste für die konventionelle Lebensmittelproduktion urbar zu machen. Aber diese sogenannten Mega-Projekte sind noch nicht so erfolgsgekrönt wie erhofft. Die Gründe dafür hängen mit den anhaltend starken Top-Down-Strukturen in der Gesellschaft, den dadurch erschwerten Mitgestaltungsmöglichkeiten sowie fehlenden Innovationen zusammen.

Weitere Hürden sind das Fehlen von Gleichberechtigung und Diversität. Frauen haben anhaltend geringere Chancen als Männer und sind zum Beispiel nur zu 20 Prozent berufstätig. Dadurch verzichtet die ägyptische Gesellschaft auf einen Großteil des vorhandenen Potenzials an Fähigkeiten. Auch Minderheiten wie Menschen mit Behinderungen werden kaum in das gesellschaftliche Leben integriert. Und selbst für die Jugend, die mit über 60 Prozent sogar die Mehrheit der Gesellschaft ausmacht und die Zukunft darstellt, fehlt es an Foren und Initiativen, in denen sie ihre Potenziale entwickeln und Fähigkeiten einsetzen können.

Organisationen, Firmen und staatliche Institutionen sind größtenteils in hierarchischen und bürokratischen Strukturen festgefahren und können deshalb nur viel zu langsam auf die Bedürfnisse der Zeit reagieren. Es fehlt an zeitgemäßen Ansätzen zur Organisationsentwicklung in Firmen und Einrichtungen, wodurch Effizienz, Produktivität und Agilität sehr niedrig sind. Die vorhandenen Strukturen bilden einen Teufelskreis aus niedriger Bezahlung, Überbesetzung und geringer Leistung.

Die Politik des Präsidenten Gamal Abdel Nasser in den 1950er und 1960er Jahren hatte mehr Kultur und soziale Sicherheit gebracht, trug aber auch dazu bei, dass die Bevölkerung immer mehr das eigene Verantwortungsgefühl für die Gestaltung des Landes verlor. Im Laufe der darauffolgenden Präsidentschaften setzte sich die Überzeugung durch, dass die Politik schon alles richten wird und das Bewusstsein der eigenen Mündigkeit verschwand.

Ägypten braucht also eine umfassende gesellschaftliche Transformation, die es den Menschen durch soziale Sicherheit und zukunftsfähige Strukturen ermöglicht, das Verantwortungsgefühl für die Gestaltung ihres Landes zurückzugewinnen.

VISIONSZIELE: SOZIALES LEBEN

Sekems Vision von Ägypten im Jahr 2057 für das soziale Leben und wie wir zu ihrer Realisierung beitragen wollen.

Vision (SVG 14):

Organisationsentwicklung

Ägypten 2057: In den unterschiedlichen Institutionen im Land gibt es lebendige und agile Organisationsstrukturen, die der Bewusstseinsentwicklung dienen!

Wir selber befinden uns mit der Organisation und Verwaltung Sekems gerade mitten in einem Wandlungsprozess – aus den noch durch die Gründungszeit geprägten Strukturen hin zu einer Resilienz, also einer nachhaltigen Gesundheit des gesamten Sekem-Organismus. So erleben wir gerade auch ganz direkt was es heißt, lebendige Organisationsstrukturen zu kreieren, die Beständigkeit und Entwicklung zugleich gewährleisten sollen. Für eine nachhaltige Zukunft der Gesellschaft braucht es umso mehr moderne und agile Strukturen, die auch die unterschiedlichen Bewusstseinszustände von Menschen und Gemeinschaften berücksichtigen.

Wir haben 2018 das Sekem-Sophia-Programm begonnen, in dem wir uns mit dem Thema der Organisationsentwicklung von verschiedenen Perspektiven aus und durch unterschiedlichste Aktivitäten beschäftigen. Es hilft uns intern bei einer resilienten Umstrukturierung und soll aus dieser Erfahrung heraus auch Ansätze für andere Einrichtungen zur Orientierung erschaffen. Das Sekem-Sophia-Programm stellt sich die Frage, wie wir das Zusammenleben und -arbeiten gestalten wollen und können. Es orientiert sich an verschiedensten Theorien und Modellen, wie etwa *Reinventing Organizations*[76], den Organisationsentwicklungstherorien von Friedrich Glasl, dem *Holacracy*-Modell[77] oder dem *Transform*-Ansatz.[78] Von besonderer Bedeutung im Sekem-Sophia-Ansatz ist die Berücksichtigung der unterschiedlichen Bewusstseinsstadien aller Mitglieder sowie die Einbeziehung des jeweiligen Kontextes der Organisation.

In den Unternehmen *NatureTex* und *AtosPharma* haben wir beispielsweise mit der konkreten Anwendung von Konzepten aus dem Sekem-Sophia-Programm begonnen. Zuständigkeiten werden hier mittlerweile in Rollen definiert, die wiederum in verschiedensten Kreisen unterschiedlich besetzt sein können. Dabei geht es darum, Hierarchien abzubauen, Selbstverantwortung zu stärken und agiler zu werden, was wiederum eine nachhaltige Resilienz unterstützt. Im Bereich der Personalentwicklung, -schulung und -rekrutierung arbeiten wir auf Grundlage des *Spiral Dynamics*-Modells[79] in Bezug auf die Einschätzung und Förderung der Mitarbeitenden. So kann auf die unterschiedlichen Persönlichkeitstypen viel individueller eingegangen werden, wodurch die Leistung und Zufriedenheit der Mitarbeitenden erhöht wird, die Verwaltung und Organisation vereinfacht und gleichzeitig Effizienz und Produktivität gesteigert werden.

Ein weiteres Beispiel einer Thematik des Sekem-Sophia- Programms ist der Umgang mit Eigentum. Wem gehört eigentlich Sekem? Für das Sekem-Eigentum haben wir in diesem Zusammenhang

76 Frederic Laloux, *Reinventing Organizations*, 2015 | 77 Robertson, 2007
78 Lessem und Schieffer, 2014 | 79 nach Don Beck und Chris Cowan

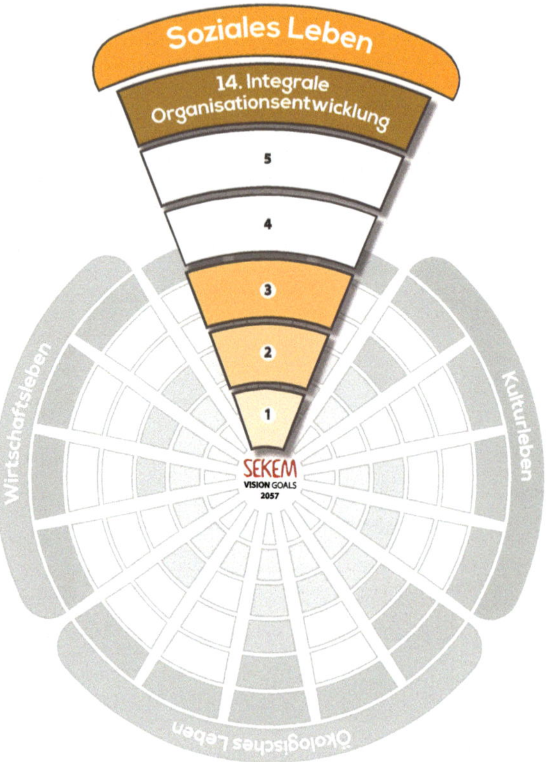

2 laufende Projekte & Aktivitäten, darunter:

- SEKEM-Sophia Programm

die folgende Lösung gefunden: Die Sekem-Initiative und alle ihre zugehörigen Institutionen sind nicht mehr in persönlichem Besitz, sondern werden treuhänderisch verwaltet. Die Mehrheitseigner Sekems (61,5 Prozent) haben ihre Anteile an eine gemeinnützige Stiftung übertragen. Diese Stiftung wird von Mitgliedern des Sekem-Zukunftsrates besetzt, die hundertprozentiges Stimmrecht haben und dadurch die Anliegen der Sekem-Vision und deren Umsetzung sicherstellen.

Zur Entwicklung, Einführung und Anwendung eines offiziellen Sekem-Sophia-Programms ist ein Kompetenzzentrum an der Heliopolis Universität in Planung sowie ein Beratungsunternehmen innerhalb der Sekem-Firmengruppe.

INSPIRATION: BESPRECHUNGEN EFFEKTIVER GESTALTEN

NatureTex war die erste Firma, in der neue Besprechungs-Formate und -Systeme eingeführt wurden. Anfänglich stieß dies auf keinen großen Zuspruch. Grund dafür war zum Beispiel, dass die Besprechungen eine neue Struktur erhielten, in der Beiträge einen bestimmten Platz hatten und nicht mehr wahllos alle Themen eingebracht werden konnten. Und auch die Vorbereitung von Themen über eine Plattform, die es vorab mit Informationen zu füllen galt, stellte eine Herausforderung dar. Der anfänglichen Resistenz folgte aber bald Offenheit, dann wirkliches Interesse und inzwischen, nach rund zwei Jahren, funktionieren die Besprechungen sehr viel effektiver. Der sogenannte „Check-in", eine kurze Wahrnehmung aller Teilnehmer:innen mit einigen persönlichen Worten, wird inzwischen mit Routine durchgeführt und wertgeschätzt. Die anfänglichen Ängste, einem unpersönlichen System aufzusitzen, sind später einer effizienten und gleichzeitig persönlichen Besprechungsgrundlage gewichen.

Vision (SVG 15): Vielfalt und Chancengleichheit

Ägypten 2057: Ägypten zelebriert Vielfalt in der Gesellschaft und gewährleistet Chancengleichheit für alle unabhängig von Alter, Nationalität, Religion oder Geschlecht!

Ohne die Möglichkeit, dass sich das vielseitige Potenzial aller Menschen in einer Gesellschaft frei entfalten kann, gibt es keine nachhaltige Entwicklung. Deshalb wollen wir auf allen Ebenen dafür Sorge tragen, dass sich die Diversität in unserer Gemeinschaft erhöht und alle Mitglieder die gleichen Chancen haben.

Sekem fördert weibliche Angestellte besonders, um Chancengleichheit zu ermöglichen

In den Sekem-Schulen lernen von Beginn an Kinder unterschiedlicher Glaubensrichtungen. Die Minderheit der christlichen Kinder hat einen eigenen Gebetsraum mit Altar und erhält christlichen Religionsunterricht, was in Ägypten keine Selbstverständlichkeit ist.

Ein wichtiger Schritt für die Chancengleichheit von Frauen und Männern ist unsere Gender Strategy for a Balanced Society in der wir darlegen, wie wir Frauen dabei unterstützen wollen, von ihren Rechten Gebrauch zu machen. Wir leisten beispielsweise Aufklärungsarbeit, helfen bei der Vereinbarung von Familie und Beruf oder verpflichten uns über eine Frauenquote, weibliche Angestellte und ihre Qualitäten in unterschiedlichsten Abteilungen zu fördern.

Die Integration von Menschen mit Behinderungen in unseren Firmen gehört seit jeher zur Normalität und unsere Ausbildungsstätten für körperlich oder geistig beeinträchtigte Menschen haben in Ägypten Vorzeigecharakter. Wir garantieren allen Schüler:innen der Sekem-Heilpädagogik anschließend einen Arbeitsplatz in ei-

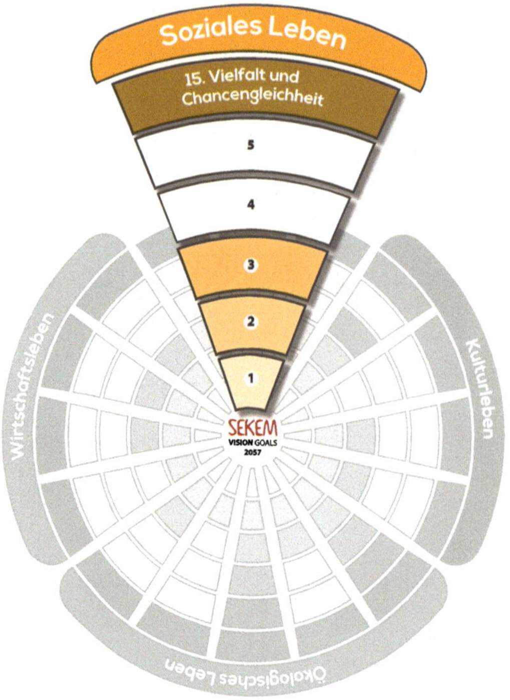

4 laufende Projekte & Aktivitäten, darunter:

- "Harassment free Campus" - Initiative an der Heliopolis Universität
- Erhöhung der Frauenquote unter den Erwerbstätigen

nem unserer Unternehmen mit einem Gehalt, das ihrer Position entsprechend gleich hoch ist wie das ihrer nicht beeinträchtigten Kolleg:innen. Menschen mit Behinderungen sind in Sekem sehr geschätzt und leisten mit ihren Fähigkeiten einen wichtigen Beitrag zum Gemeinschaftsleben.

Für die nahe Zukunft planen wir ein Mehrgenerationenhaus und -modell, dass ältere Menschen nicht aus dem Leben ausschließt, sondern ihnen weiterhin eine Aufgabe gibt, sie in das soziale Leben integriert und ihre Qualitäten schätzt.

Inspiration:
Frauenförderung

Unsere *Gender Strategy for a Balanced Society* hilft uns dabei, Frauen immer mehr dabei zu unterstützen von ihren Rechten Gebrauch zu machen und ihre Potenziale zu entfalten. Über verschiedene Formate wollen wir zum Beispiel dazu beitragen, dass Frauen berufstätig bleiben können, auch wenn sie Kinder kriegen. Dazu haben wir eine Babygruppe sowie Kleinkinderbetreuung eingerichtet. Männer können Sonderurlaub beantragen, wenn sie Vater geworden sind und Frauen profitieren von flexiblen Arbeitszeiten, um etwa ihre Säuglinge während der Arbeitszeit stillen zu können. Es gibt Gesprächsangebote mit Fachleuten zu Themen wie Sexualität, die weibliche Beschneidung (die in Ägypten vor allem im ländlichen Kontext noch praktiziert wird) oder Karriereplanung.

Wir zelebrieren jährlich den internationalen *Girls' Day* um Mädchen zu ermutigen, männertypische Berufe zu wählen und andersherum unter den Jungen das Interesse für von Frauen dominierte Berufsfelder zu wecken. Dadurch hat sich die Anzahl der Schülerinnen im Sekem-Berufsbildungszentrum zum Beispiel unter den Schreiner:innen, Mechaniker:innen oder Elektriker:innen bereits innerhalb weniger Jahre stark erhöht. Und in den 13 Dörfern rund um die Sekem-Mutterfarm unterstützen wir Frauen bei der Entwicklung von eigenen Geschäftsmodellen.

VISION (SVG 16):

SOZIALE TRANSFORMATION

Ägypten 2057: In Ägypten hat eine gesellschaftliche Transformation stattgefunden, die zu einer nachhaltigen ländlichen Entwicklung und regenerativen Städten geführt hat sowie dazu, dass die Menschen sich befähigt und verantwortlich fühlen, die Zukunft ihres Landes zu gestalten!

Dass es in Ägypten eine umfassende soziale Transformation braucht, ist offensichtlich. Um die vielen großen Herausforderungen in der Gesellschaft anzugehen, arbeiten wir bei Sekem mit verschiedenen Ansätzen. Wir beschäftigen uns mit der ländlichen Entwicklung ebenso wie mit Alternativen für städtischen Fortschritt. Und wir wollen Modelle kreieren, die das Entstehen von neuen Strukturen und Entwicklungen in der Wüste ermöglichen. Dazu betrachten wir drei Ebenen als relevant: die individuelle, die organisatorische und die gemeinschaftliche Ebene. Die Förderung der individuellen Entwicklung wird in Sekem durch das *Core Program*, also über künstlerische und kulturelle Aktivitäten umgesetzt; der organisatorische Fortschritt wird durch das *Sekem-Sophia-Programm* angegangen und die Gemeinschaftsentwicklung wird durch den *Sekem-Zukunftsrat* geprägt. Der Zukunftsrat soll in den kommenden Jahren noch stärker als Instanz etabliert werden, die sicherstellen kann, dass die Anliegen der Sekem-Vision stets in die Aktivitäten der Gemeinschaft einbezogen werden, beziehungsweise dass diese so gewählt werden, dass sie die Vision widerspiegeln und fördern. Im Sinne des Zukunftsrates wird es für jeden Bereich eine Visionsgruppe geben, welche die Aufgabe, die der Zukunftsrat für das Gesamtgefüge hat, auf kleinerer Ebene, insbesondere für jedes Visionsziel, übernimmt.

Wir wollen nachhaltige Gemeinschaftsentwicklung in Ägyptens Städten, auf dem Land und in der Wüste fördern. Die Transformation von bereits bestehenden Strukturen in ländlichen Gegenden üben wir an unserem 13-Dörfer Projekt. Sekem kooperiert hier mit 13 der umliegenden Dörfer in den vier Hauptbereichen Ökologie, Wirtschaft, Kultur und soziale Entwicklung. Das fängt an bei Schulungen zu Themen wie Bio-Anbau, Firmengründung oder Hygiene, geht über die Vergabe von Mikrokrediten bis hin zu konkreten Aufträgen und Kooperationen etwa im Bereich Heimarbeit, medizinische Versorgung, Müllaufbereitung und vielem mehr. Begleitet wird das 13-Dörfer-Projekt von Forschungsarbeiten der Studierenden an der Heliopolis Universität.

Und unsere Farm in *Wahat El-Bahareyya* in der westlichen Wüste, rund 400 Kilometer südlich von Kairo dient uns als Versuchsfeld für eine Gemeinschaftsentwicklung, bei der es noch keine vorgeprägten Strukturen gibt. In *Wahat* besitzt Sekem schon seit etlichen Jahren über 1000 Hektar Wüstenland. Es wurden bisher aber nur verhältnismäßig wenige Hektar mit Dattelpalmen und Jojobapflanzen bewirtschaftet. 2019 haben wir die *Greening the Desert*-Kampagne begonnen, mit der wir seither großflächig Wüste urbar machen und Gemeinschaftsstrukturen aufbauen. Im Sinne der Sekem-Vision wird Wüste nachhaltig begrünt, es werden Arbeitsplätze geschaffen,

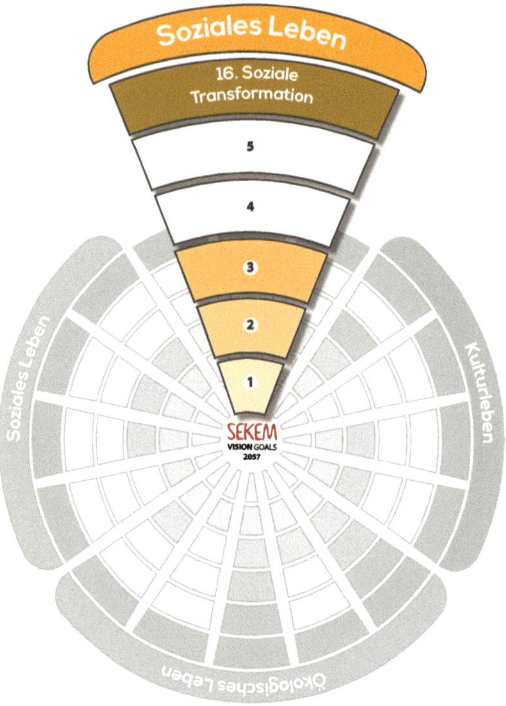

3 laufende Projekte & Aktivitäten, darunter:

- 13-Dörfer-Projekt zur Skalierung von Prototypen
- Nachhaltige Lebensgemeinschaft in Wahat

die Menschen die Möglichkeit geben, ihr Potenzial zu entfalten. Es werden Wertschöpfungskreisläufe aufgebaut, die Transparenz, Vertrauen und Zukunftsfähigkeit ermöglichen. Das *Greening the Desert*-Projekt bezieht auch unser internationales Netzwerk mit ein.

Zu Beginn heißt es dabei fruchtbaren Boden als Grundlage für weitere Entwicklungen zu schaffen. Und dafür braucht es in der Wüste zunächst Investitionen. In der ersten Phase galt es 63 Hektar zu erschließen. Dafür brauchten wir drei Pivot-Bewässerungsanlagen. Diese Anlagen haben wir über eine innovative Crowdfunding-Kampagne finanziert (siehe auch SVG 12). Innerhalb kürzester Zeit konnten wir so die ersten 63 Hektar Sandboden erschließen (2021 sind es schon 110 Hektar und acht Pivot-Anlagen). Von besonderer Wichtigkeit ist uns der nachhaltige Einsatz der Bewässerungsanlagen. Daher sind sie mittlerweile komplett solarbetrieben. Außerdem ist der bewusste Wasserverbrauch mitten in der Wüste noch dringlicher. Die *Wahat*-Farm befindet sich über dem nubischen Aquifer, das weltweit eines der größten unterirdischen Grundwasserreservoirs ist. Es umfasst rund 1500 Mal so viel Wasser, wie jährlich im Nil durch Ägypten fließt. Ständige Forschung hilft uns dabei, das fossile

Inspiration: Soziale Transformation in den 13 Dörfern

In 13 Dörfern im Umkreis der Sekem-Mutterfarm erproben wir, wie unsere Visionsziele in bereits vorhandene Strukturen integriert werden können beziehungsweise diese transformieren können. Dazu haben wir zu jedem Ziel bestimmte Aktivitäten entwickelt wie zum Beispiel: Integration von Lernmethoden zur Potenzialentfaltung in acht Schulen, regelmäßige kulturelle Veranstaltungen ohne Eintrittsgebühren, Versorgung mit erneuerbaren Energien, nachhaltiges Müllmanagement, Mikrokredite für nachhaltige Geschäftsmodelle, mobile Gesundheitskonvois inklusive Aufklärungs- und Versorgungsangeboten, das Angebot von Bio-Lebensmitteln in den Supermärkten und vieles mehr. Das Projekt umfasst eine Fläche von 45.000 Quadratkilometern und rund 30.000 Menschen. Ziel ist es, dass die 13 Dörfer bald in allen Lebensbereichen ein Niveau erreicht haben, das dem der Sekem-Gemeinschaft entspricht.

Grundwasser so sparsam wie möglich einzusetzen, um gewährleisten zu können, dass der Grundwasserspiegel nicht zu schnell sinkt und die Wasserentnahme durch den positiven Einfluss auf Mensch und Ökosystem gerechtfertigt ist.

Neben den landwirtschaftlichen Aktivitäten ist auch ein kulturelles Angebot entstanden: ein *Core Program* für die Mitarbeitenden, ein Theater und vor Kurzem sogar eine Schule. Außerdem hat die Heliopolis Universität einen Campus auf der Wüsten-Farm eingerichtet, über den die Studierenden angewandte Feldforschung betreiben. In Kürze werden weitere Bildungseinrichtungen und medizinische Versorgung folgen.

Das *Greening the Desert*-Projekt auf der *Wahat*-Farm ist für uns aktuell ein besonders spannendes Abenteuer, weil es ganz konkret und von Tag zu Tag zeigt, wie fordernd und zugleich vielversprechend die Erschaffung von etwas Neuem ist. Die Wüste, also das bisherige Nichts, ist ein enorm anspruchsvolles Umfeld für die Schaffung von Leben und Strukturen, aber zugleich finden dort tagtäglich großartige neue Entwicklungen ihren Weg zur Realisierung.

Die Vision 2057 im Kontext und Zeitgeschehen

Zukunft aus Initiative und Erwartung

Wenn unsere Vision von Ägypten 2057 auch verrückt klingen mag, so ist sie doch sehr intensiv durchdacht. Sie fußt auf naturwissenschaftlichen und soziologischen Forschungen ebenso wie auf jahrelanger Erfahrung und geistig-philosophischer Auseinandersetzung mit Ägypten und der Welt. Wir haben nicht einfach nur ein utopisches Zukunftsbild entworfen, sondern eine Vision aus einem klaren Bewusstsein über den Zeitgeist, in dem wir uns momentan befinden. Dazu haben wir uns zunächst gefragt, was Zukunft überhaupt bedeutet und was es braucht, um Zukunft zu gestalten. Außerdem haben wir die Frage reflektiert, in welchem Kontext wir uns mit Sekem in Ägypten und der Welt bewegen und an unserer Vision arbeiten.

Ibrahim Abouleish skizzierte mit seiner Vision weder eine Zukunft, die nur eine Schlussfolgerung aus dem Vergangenen und Erlebten darstellt, noch eine überschwängliche, aus jedem Kontext gerissene Utopie. Er malte mit der Sekem-Vision vielmehr ein Bild, das sich aus dem Bewusstsein über zwei Qualitäten von Zukunft verdeutlicht: eine *werdende* und eine *kommende* Zukunft. Das Leben wird von zwei Strömen geprägt, einer davon kommt aus der Vergangenheit und eilt in Richtung der Zukunft, der andere fließt aus der Zukunft und strebt der Vergangenheit entgegen.[80] Die aus der Vergangenheit kommende Zukunft können wir mit dem Begriff *Futurum* bezeichnen. Sie steht für das Vorwärtskommen und das Beginnen von dem, was ich sehe. Sie kann als ein Raum verstanden werden, in den wir unsere Pläne projizieren, die aus unseren Erfahrungen gewachsen sind. Im Gegensatz dazu repräsentiert *Adventus* das Zukünftige, das wir nicht vorhersehen können, das Schicksal etwa, das uns entgegenkommt. Adventus kann als ein Ereignisraum betrachtet werden, der mit großen Erwartungen gefüllt ist. Die *Futurum*-Zukunft cha-

80 Rudolf Steiner, GA 115, S.119

rakterisiert sich über die Initiative etwas zu tun, über die Aktivität – denn es gilt, einen leeren Raum zu gestalten. Die *Adventus*-Zukunft hingegen ist von Gelassenheit geprägt, einem aktiven Warten und einer Bereitschaft, denn sie kommt uns schicksalhaft entgegen.

Nun hat es Ibrahim Abouleish verstanden, das richtige Momentum, nämlich die Begegnung der beiden Ströme, zu ergreifen. Das Erkennen und die Verbindung der beiden Zukunftsqualitäten, also mit Initiative und gleichzeitig Gelassenheit eine Situation wahrzunehmen und dann mit Liebe und Hingabe zu handeln, waren bei der Realisierung der Sekem-Vision von maßgeblicher Bedeutung. Dieses Zukunftsverständnis haben wir uns anzueignen versucht und daraus die Vision von Ägypten für 2057 und die Sekem-Ziele formuliert. Wir haben uns diese konkreten Ziele gesetzt und handeln entsprechend, aber gleichzeitig wollen wir immer Räume für Unbekanntes offenlassen und achtsam das Kommende erwarten.

Ein hilfreicher Leitfaden für die Gestaltung von Zukunft insbesondere mit Blick auf die Veränderung von Organisationsstrukturen ist für uns das *Theorie U*-Modell von Otto Scharmer. Anhand dieser Anleitung sind wir die folgenden Schritte gegangen: Wir haben uns die Vergangenheit und die gegenwärtige Realität angesehen, wir haben uns in andere Perspektiven hineingespürt, uns im Dialog und Kontext wahrgenommen und dann versucht, uns von allem in der Vergangenheit Geprägten freizumachen. Entsprechend losgelöst haben wir dann die Phase des sogenannten *Presencing* erlebt, wie es bei Scharmer genannt wird. Dabei ging es für uns darum, uns darauf zu besinnen, wer wir als Sekem-Gemeinschaft sind beziehungsweise was die Sekem-Initiative eigentlich ist. Wir haben uns mit den Quellen verbunden und versucht, die Aufgaben aus der Zukunft zu erkennen. Daraus konnte unsere Zukunftsvision entstehen und sich konkretisieren. Nun sind wir an dem Punkt, die Vision zu realisieren, das Neue zu erproben, also konkrete Prototypen im praktischen Tun zu entwickeln, die dann *Mainstream* werden können.

Die erste Phase des „U", der Weg hinab bis zum Presencing, beschäftigt sich mit dem Loslassen, also mit einer *Futurum*-Zukunft-Perspektive. Das spätere Aufsteigen verbildlicht dagegen das Kommenlassen und damit die *Adventus*-Zukunft. Dieses Buch kann auch als eine Art schriftlicher Dokumentation des *Theorie U*-Prozesses betrachtet werden, wie wir ihn in Sekem durchlaufen haben und immer neu gehen wollen.

Was bedeutet Bewusstseinsentwicklung?

Die Fragen nach der Zukunft, nach deren Gestaltung und Umsetzung sind wichtige Schritte zur Realisierung unserer Vision. Sie wären allerdings bedeutungslos ohne die Menschen. Die Entwicklung der Menschen und ihrer Persönlichkeit stand und steht im Zentrum all unseres Tuns. So war die ursprüngliche Sekem-Vision unter anderem von dem Verständnis der Bewusstseinsentwicklung bei Rudolf Steiner geprägt. In Sekem haben wir dies vor allem durch die lebendigen Schilderungen des Ägyptologen Frank Teichmann vermittelt bekommen. Es gibt aber auch weitere Denker, die sehr ähnliche Theorien über die Entwicklung menschlichen Bewusstseins aufgestellt haben. Einer von ihnen, Jean Gebser, war einer der ersten Bewusstseinsforscher, der verschiedene Bewusstseinsstrukturen beschrieben hat. Er stellte die These auf, dass die Menschheit in der nächsten Entwicklungsstufe eine integrale Perspektive erreichen wird. Dadurch wird ein Bewusstsein für die Einheit der Menschen mit der Natur und dem Universum entstehen, ohne dass bisher erlangte rationale Perspektiven dabei verloren gehen oder in den Hintergrund geraten. Andere integrale Theorien, wie etwa der Ansatz *Spiral Dynamics*[81] beschreiben auf ähnliche Art und Weise die Entwicklung von menschlichen Weltanschauungsebenen. Diese ganzheitlichen Betrachtungen zur Bewusstseinsentwicklung versucht die Sekem-Gemeinschaft im Alltag stets zu berücksichtigen. Sie haben uns auch bei der Ausarbeitung der Zukunftsvision geleitet.

Daher sollen hier zwei der genannten Modelle einer Bewusstseinsentwicklung etwas näher betrachtet werden: Rudolf Steiner beschreibt drei übergeordnete Bewusstseinsstufen. Er nennt sie *Empfindungsseele, Verstandes- und Gemütsseele* und *Bewusstseinsseele.* Die *Empfindungsseele* lässt sich vor allem durch die Orientierung an Gefühlen und durch ein starkes Zugehörigkeitsempfinden zu einer Obrigkeit oder einer größeren sozialen Gruppe charakterisieren. Die *Verstandesseele* hingegen stellt den Verstand über alles Emotionale und das eigene Selbst in den Mittelpunkt, wodurch sich das Handeln

81 Ein Konzept, das von Don Beck und Chris Cowan auf der Grundlage der Ebenen-Theorie der Persönlichkeitsentwicklung von Clare W. Graves entwickelt wurde.

nach dem eigenen Vorteil richtet. Und die *Bewusstseinsseele* vereint die vorangegangenen Stufen, kann diese reflektieren und hat eine Vision für das Leben in seiner Ganzheit.

Das *Spiral Dynamics*-Modell geht stärker ins Detail und definiert die Entwicklung menschlicher Weltanschauungsebenen anhand einer wellenförmigen Spirale mit neun Farb-Ebenen. Beck und Cowan benennen außerdem *sogenannte Wert-Meme*, die als kulturelles Gegenstück zu den aus der Biologie bekannten Genen verstanden werden können. Die Spirale der Werte beginnt mit Ebenen, in denen es um das reine Überleben geht, um magische Geister und die Organisation in Stämmen, in denen das Individuum kaum eine Rolle spielt. Darauf folgen Zustände, in denen ein Selbst auftaucht, das sich vom Stamm absetzt; es entsteht ein Sinn für das Leben, es gibt Regeln und es herrscht Gehorsam gegenüber einer Obrigkeit. Dann trennt sich das Selbst von der Wir-Mentalität und beginnt individuell nach Wahrheit und Sinn zu streben. Rationale wissenschaftliche Leistungen dominieren und die Ressourcen der Erde werden für die eigenen Ziele genutzt, bis auf einer späteren Ebene das Verbundenheitsgefühl zurückkehrt. Diesmal sucht sich das Selbst aber die Gemeinschaft selber aus, Gefühle und Fürsorge ersetzen Gier, Dogmen und kalte Rationalität. Schließlich entsteht Integration, Flexibilität, Spontanität und Komplexität. Holistische Systeme und die Vereinigung von Fühlen und Wissen bilden eine lebendige und bewusste Ordnung in den späteren Bewusstseinsebenen.

Sowohl im *Spiral Dynamics*-Modell als auch bei Rudolf Steiners Verständnis der Bewusstseins- und Seelenentwicklung wird davon ausgegangen, dass es nicht möglich ist, Ebenen zu überspringen und dass das Durchleben einer jeden Ebene entscheidend für die Gesundheit der gesamten Entwicklungsspirale ist.

Jeder Mensch durchläuft verschiedene Bewusstseinszustände im Laufe seines Lebens und kann gleichzeitig unterschiedliche Bewusstseinseigenschaften in verschiedenen Situationen zeigen. Aber auch in ganzen Gesellschaften oder Kulturräumen können bestimmte Entwicklungsstufen dominieren. So ist die ägyptische Gesellschaft durch jahrhundertelange dominante Herrschaft geprägt. Der Großteil der Menschen lebt in familiären Gemeinschaftsstrukturen – auf dem Land, aber auch in den Städten. Die Bevölkerung ist von einem Bewusstsein durchzogen, das einem einzelnen Machthabenden die Entscheidungsgewalt zuspricht und das Wissen, was am besten für die Mehrheit ist. Dadurch herrscht in Ägypten vorwiegend eine Weltanschauung, in der das Kollektiv vor dem Individuum steht. Das zeigt sich auch in der Ausübung des Glaubens. Hier stehen Traditionen und die Vorgaben religiöser Autoritäten im Vordergrund. Individuelle Reflektion ist kaum verbreitet. Mit der ägyptischen Revolution 2011 hat sich aber gezeigt, dass langsam ein neues Bewusstsein aufkeimt. Immer mehr Menschen lösen sich aus den Gehorsams-Strukturen und beginnen zu hinterfragen.

Diese nächste anstehende Bewusstseinsebene für Ägypten, darüber sind sich die meisten integralen Denker einig, ist diejenige, in der sich auch der Großteil der westlichen Welt momentan befindet. Ein verstärktes Verstandesdenken, strategische Effizienz, Leistungsorientierung oder objektive Wissenschaftlichkeit prägen die Weltanschauung. Der einzelne Mensch rückt in den Vordergrund und verdrängt das Bewusstsein über das Wohl der Gemeinschaft. Daraus entsteht einerseits Raum für individuelle Persönlichkeitsentwicklung, aber auch Egoismus.

Nun finden sich innerhalb der Sekem-Gemeinschaft verschiedene Bewusstseinsstrukturen mit unterschiedlichen Ansichten und Interessen zusammen. Einerseits in Gruppierungen und Teams, die eine bestimmte Aufgabe erfüllen wollen, zum Beispiel möglichst viel Ware zu produzieren und zu verkaufen, oder aber Kultur und Bildung zu fördern, was Zeit benötigt, aber keinen direkten finanziellen Nutzen bringt. Andererseits lebt jeder einzelne Mensch mit einem bestimmten, vorherrschenden Bewusstsein in sich selbst. So gibt es Personen, die mehr von einem Empfindungsdenken geprägt sind, das sich zum Beispiel in einem ausgeprägten Glauben oder dem starken Bedürfnis nach Anleitung und Regeln äußert. Oder es gibt jene, die ein ausgeprägtes Verstandes-Bewusstsein haben, das zum Beispiel dadurch in Erscheinung tritt, dass sie für alles Belege benötigen oder einen direkten persönlichen Nutzen erwarten.

Aus den unterschiedlichen Perspektiven ergeben sich entsprechend unterschiedliche Interpretationen von bestimmten Entwicklungen. Das kann soweit führen, dass die einen Herausforderungen und Schwierigkeiten sehen, wo andere eher Potenzial erkennen. Als Beispiel sei das Bevölkerungswachstum in Ägypten genannt. Für die einen stellt dies eine der größten Herausforderungen der Zukunft dar, für andere birgt es enorme Möglichkeiten für wirtschaftliches Wachstum. Wieder andere kommen gar nicht auf die Idee einer Familienplanung, geschweige denn die Anzahl von Kindern zu hinterfragen, denn Kinder sind immer und überall Geschenke Gottes.

Wenn die Sekem-Gemeinschaft jeden Donnerstag im großen Wochenabschlusskreis zusammenkommt, stehen mehrere hundert Menschen nebeneinander, Menschen mit ganz unterschiedlichen Perspektiven und Bewusstseinsebenen. Alle sehen sie eine Gemeinschaft, aber jede und jeder aus der jeweils eigenen Weltanschauungsebene. Der oder die eine sieht die Menschen neben sich als Schwestern und Brüder, als Kinder Gottes, fühlt sich wie in einer großen Familie. Andere empfinden wohl mehr, dass sie neben Kolleg:innen stehen, mit denen sie erfolgreich zusammenarbeiten und gute Geschäfte machen. Und es stehen Menschen dort, die eine übergreifende, gemeinsame Vision sehen, aufgrund derer sie zusammenkommen.

Sekem hat es sich zur Aufgabe gemacht, Impulse zu setzen und ein Umfeld zu schaffen, in dem sich Menschen ihren individuellen Möglichkeiten entsprechend entwickeln können und wo unterschiedliche Bewusstseinszustände Berücksichtigung finden. Dabei soll es immer gleichermaßen um die eigene Entwicklung wie um die der anderen gehen, sodass irgendwann der Übergang zu einem ganzheitlichen, integralen Bewusstsein erreicht werden kann. Unsere Vision von 2057 wurde vor diesem Hintergrund entworfen und will im praktischen Alltag konkret unterschiedliche Bewusstseinsebenen ansprechen. Dieser Anspruch klingt logisch und nachvollziehbar, ist aber die größte Herausforderung. Politische, gesellschaftliche oder ökonomische Krisen entstehen, weil für die unterschiedlichen Bewusstseinsebene das gelebte Verständnis fehlt –ein Grund für viele globale Probleme.

Schlusswort

Es ist nicht genug zu wissen, man muss auch anwenden; es ist nicht genug zu wollen, man muss auch tun.

Johann Wolfgang von Goethe

In diesem Buch haben wir den Entwicklungsprozess Sekems dargelegt – die Entwicklung zur Vision, zu ihrer Umsetzung und zu den Zielen für die Zukunft – also den Weg von den Inspirationen bis zu daraus entstandenen praktischen Modellen, die zu einer wirklichen Transformation beitragen können. Diesen Prozess hat Ibrahim Abouleish begonnen. Er hat die Sekem-Vision erschaffen und wir haben 40 Jahre lang gemeinsam mit ihm gelernt und Pionierarbeit geleistet. Mit unserer Vision von Ägypten 2057 und unseren Zielen für Sekem bis zum Jahr 2027 wollen wir nun eine weitläufige Relevanz erreichen, die einen Systemwandel unterstützt.

In diesem Buch wollten wir darlegen, dass es uns ein grundlegendes Anliegen ist, stets mit einer emotionalen Verbindung und auf Grundlage von geistigen Inspirationsquellen zu wirken. Denn unsere Überzeugung ist, dass wir nur dann die Probleme der heutigen Zeit nachhaltig angehen und verändern können, wenn wir uns auch auf den Ebenen von Spiritualität und Gefühl mit ihnen beschäftigen und verbinden. Dabei wollen wir immer das eigene Bewusstsein wie auch das des Gegenübers und des jeweiligen Kontextes berücksichtigen. Wir wollen uns vollumfänglich mit Herz, Kopf und Händen auf eine Herausforderung ebenso wie auf die Lösung einlassen.

In unseren jährlichen Berichten, in unseren regelmäßigen Nachrichten (den weltweit versendeten Sekem-News, bestellbar unter www.sekem.com/de/news-de), auf unserer Website, über Webinare oder im persönlichen Austausch werden wir vom Weg zur Realisierung unserer Vision von Ägypten 2057 erzählen. Damit diese Zukunftsvision jedoch Wirklichkeit werden kann, braucht es viele weitere Herzen, Köpfe und Hände. Wir freuen uns über jede und jeden, die uns dabei unterstützen wollen – denn nur gemeinsam können wir eine Zukunft gestalten und willkommenheißen, die uns alle mit Freude erfüllt.

symphonie

wer möchte nicht
in jedem augenblick
der symphonie des lebens
lauschen?

wer würde nicht
gern eine note darin sein
vielleicht sogar ein spieler
im orchester?

hast du vergessen
dass wir alle
zur geburt
ein schreiben
zugesandt bekamen
direkt vom großen dirigenten
einladend uns
als instrument
all unsere gaben
einzubringen

doch wenige nur
haben den brief je gelesen
nicht vertrauend
dass die einladung
tatsächlich uns galt

warum also nicht heute?

schau
der umschlag lächelt in dein herz
sehnsüchtig wartend
auf die stunde
in der du ihn öffnest
und die einladung
vollumfänglich
annimmst

Ibrahim Abouleish gewidmet
gechannelt 2018 von Alexander Schieffer

Die Mitglieder des Sekem-Zukunftsrats
Stand 2022

Helmy Abouleish ist Mitgründer und Geschäftsführer der Sekem- Initiative.

Konstanze Abouleish leitet die Firma *NatureTex* und beteiligt sich vielseitig an Musik- und Kulturprojekten.

Maximilian Abouleish-Boes verantwortet das Monitoring der Nachhaltigkeit von Sekems Aktivitäten, unterstützt die Firma NatureTex und arbeitet im Bereich Organisationsentwicklung.

Mona Abouleish-Lenzen ist Eurythmistin und beschäftigt sich vor allem mit der Entwicklung der Pädagogik und Kulturprogramme an der Heliopolis Universität.

Rembert Biemond ist Mitglied des Sekem-Verwaltungsrates und begleitet Sekem im Bereich Organisationsentwicklung und in Finanzierungsfragen, von Schweden aus und während regelmäßiger Besuche.

Rafik Costandi ist Lehrer an der Sekem-Schule und unterstützt die Verwaltung der Bildungseinrichtungen.

Martina Dinkel ist Eurythmistin und leitet die Sekem Eurythmie Ausbildung, organisiert das *Sekem Core Program* und den *Space of Culture*.

Yvonne Floride ist bildende Künstlerin und Pädagogin und leitet den Bereich für bildende Künste insbesondere im Rahmen des *Core Program* an der Heliopolis Universität.

Christoph Floride leitet das Sekem-Unternehmen *Lotus* zur Kräuter-Verarbeitung.

Regina Hanel leitet den Sekem-Kindergarten, unterstützt die internationale Kommunikationen sowie Administration der Heliopolis Universität.

Angela Hofmann ist biologisch-dynamische Landwirtin, leitet die Egyptian Bio-Dynamic Association und verantwortet bei Sekem die artgerechte Tierhaltung.

Andreas Lenzen leitet das Sekem-Medical Center und unterstützt die Gründung eines Visionskreises für ein ganzheitliches Verständnis von Gesundheit.

Ehrenmitglieder

Gudrun Abouleish war mit Ibrahim Abouleish verheiratet und ist Mitgründerin Sekems, hat die Entwicklung verschiedenster Bereiche unterstützt und kümmert sich heute vor allem um die Verwaltung des Firmen- und Gästebetriebs.

Inge Marienfeld hat die Puppenwerkstatt in der Firma *NaturTex* aufgebaut.

Dieter Marienfeld kümmert sich um die Verwaltung und Instandhaltung der Gebäude.

Dr. Hans Werner hat die Entwicklung Sekems seit Anfang der 1980er Jahre eng begleitet; er hat unter anderem das Sekem-Medical Center gegründet und den Verein der Sekem-Freunde Deutschland viele Jahre geleitet.

Angegliederte Mitglieder:

Thomas Fischer hat viele Jahre in Sekem gelebt und kümmert sich, mittlerweile von Deutschland aus, um Investors Relations, ist Sekretär des Vorstandes und arbeitet am Ausbau des Vertriebsnetzwerkes für Sekem-Produkte in Europa.

Samuel Knaus betreut den Kundendienst der Firma *Lotus*, entwickelt die komplementäre Währung *Sekem-Miza* und engagiert sich als Fotograf.

Justus Harm koordiniert die Egyptian Bio-Dynamic Association, betreut das Economy of Love-Zertifizierungsprogramm und produziert Filmclips.

Nana Woo kümmert sich um das *Core Program* für die Studierenden und Mitarbeiter:innen.

Adressen

SEKEMs Head Office
3 Cairo Belbes Desert Road
P.O:Box 2834 El Horreya, heliopolis
11361 Cairo, Egypt
E-Mail: cs@sekem.com
www.sekem.com

SEKEM Freunde Deutschland e.V.
Christine Arlt
Sülzburgstraße 187
50937 Köln
Tel.: +49 (0) 221 58 94 16 29
E-Mail: info@sekem-freunde.de
www.sekem-freunde.de

SEKEM Österreich
c/o Ernst Rose
Wegenergasse 11
A-8010 Graz
Tel/Fax +43(0)316 38 10 97
sekemoesterreich@gmx.at

Quellenverzeichnis

Abouleish, Ibrahim (2015). *Die Sekem Symphonie.* Nachhaltige Entwicklung für Ägypten in weltweiter Vernetzung (6. Auflage). Info3 Verlag.

Abu Dawud. *Kitāb as-Sunan Abu Dawud Sulaiman ibn al-Asch'ath as-Sidschistani.*

Al-Jayyousi, Odeh R. (2012). *Islam and Sustainable Development: New Worldviews* (Transformation and Innovation). (1.Auflage). Gower.

Beck, Don / Cowan, Christopher Cowan (1996). *Spiral Dynamics – Leadership, Werte und Wandel.* Kamphausen.

Brotbeck, Stefan (2005). *Zukunft: Aspekte eines Rätsels.* Verlag am Goetheanum.

Food and Agricultural Organization of the United Nations (2014). *Food Wastage Footprint: Full cost-accounting*

Intergovernmental Panel on Climate Change (2014). *Climate Change 2014: Mitigation of Climate Change.*

Khoury, Adel Theodor (1987 - 2001). *Der Koran.* Arabisch-deutsche Übersetzung von Adel Theodor Khoury. Gütersloher Verlags-Haus Mohn.

Laloux, Frédéric (2015). *Reinventing Organizations: An Illustrated Invitation to Join the Conversation on Next-Stage Organizations.* Laloux, Frédéric.

Lessem, Ronni / Schieffer, Alexander (2016). *Transformation Management: Towards the Integral Enterprise.* (4 Auflage). Routledge.

Riyāḍ aṣ-Ṣāliḥīn. *Hadithsammlung,* 13. Jahrhundert.

Robertson, Brian J. (2016). *Holacracy: The Revolutionary Management System that Abolishes Hierarchy.* Penguin.

Sahīh Muslim. *Al-dschāmi' as-Sahīh Abu l-Husain Muslim ibn al-Haddschadsch al-Quschairi an-Naisaburi.*

Sahīh al-Buchārī. *Al-dschāmi' as-Sahīh Abu 'Abdallah Muhammad ibn Isma'il al-Buchari al-Dschu'fi.*

Steiner, Rudolf: *Gesamtausgabe,* Rudolf Steiner Verlag

United Nation Environment Program (2019). *Emissions Gap Report.*

United Nation Environment Program (2019). *Global Environment Outlook 6*

www.cdmsmith.com/de/Client-Solutions/Projects/Solid-Waste-Management-Egypt